国际贸易理论与实践创新探究

崔 媛 宋 洁 金奕成◎著

中国出版集团 现代出版社

图书在版编目（CIP）数据

国际贸易理论与实践创新探究 / 崔媛，宋洁，金奕
成著. -- 北京 ：现代出版社，2023.12
ISBN 978-7-5231-0219-0

Ⅰ．①国… Ⅱ．①崔… ②宋… ③金… Ⅲ．①国际贸
易—研究 Ⅳ．①F74

中国国家版本馆CIP数据核字（2023）第255865号

国际贸易理论与实践创新探究

作　　者	崔　媛　宋　洁　金奕成
责任编辑	申　晶
出版发行	现代出版社
地　　址	北京市朝阳区安外安华里504号
邮　　编	100011
电　　话	010-64267325　64245264(传真)
网　　址	www.1980xd.com
电子邮箱	xiandai@cnpitc.com.cn
印　　刷	北京四海锦诚印刷技术有限公司
版　　次	2023 年 12 月第 1 版　2023 年 12 月第 1 次印刷
开　　本	185 mm×260 mm　1/16
印　　张	12
字　　数	230千字
书　　号	ISBN 978-7-5231-0219-0
定　　价	58.00 元

前　言

国际贸易作为全球经济发展的重要推动力，对各国的经济增长、就业创造和资源配置具有重要影响。随着全球化的不断深入，国际贸易的规模和复杂性也在不断扩大。因此，对国际贸易理论与实践进行创新探究显得尤为重要。

鉴于此，笔者写作了《国际贸易理论与实践创新探究》一书，全书以国际贸易的基础知识为起点，系统地介绍了国际贸易的产生和发展、概念及分类、特点与作用，以及国际分工与世界市场等基本理论。同时，通过对古典国际贸易理论、新古典国际贸易理论、现代国际贸易理论和保护贸易理论的演化分析，着重探讨了国际贸易的发展路径，对国际贸易方式与创新进行了探究。另外，还探讨了国际贸易管理理论、国际贸易组织理论、国际货物运输，以及国际贸易合同的签订与履行、国际贸易方式与创新探究等内容。这些内容对推动贸易方式的创新和提升贸易效率具有重要意义。

本书主要有以下特点。

第一，综合性的国际贸易知识：层次递进清晰，从基础知识到理论构建再到实践应用，逐步深入地剖析了国际贸易的各个方面。

第二，最新技术和趋势：作者对国际贸易管理理论和实践问题进行了深入探讨，以及对新型贸易方式和创新的思考。力求使读者可以全面了解国际贸易的基本知识和理论框架，掌握国际贸易管理的理论与实践技巧，并能思考和探索新的贸易方式和创新路径。

第三，可操作性和实用性：本书不仅提供基础的理论知识，还关注实践创新，它在国际贸易方式创新探究中，旨在为相关专业师生、相关工作人员提供更有力的理论和实践支持，实现创新方式突破。

我们衷心感谢所有为本书提供支持、建议和帮助的人员，他们的付出和贡献让本书得以顺利完成。并对本书的局限性和不足之处表示诚挚的歉意，希望读者能够提供宝贵的意见和建议，以帮助我们改进和完善。

目　录

第一章 国际贸易的基础知识

第一节 国际贸易的产生和发展

一、国际贸易产生的背景

国际贸易（international trade）是指不同国家或地区之间跨越边界的商品交换活动。国际贸易是一个历史范畴，它的产生必须具备两个条件：其一，有国家存在。因为国际贸易是跨越边界的商品交换活动，没有国家，国际贸易就无从谈起。其二，国家与国家之间存在国际分工。没有依托自然条件与社会经济技术条件差异而进行的国际分工，就不可能产生国际贸易。

在漫长的原始社会，由于生产力发展水平极度低下，没有剩余产品，没有阶级，也没有国家，当然也就不存在国际贸易。第一次社会大分工推动了社会生产力的发展，部落之间出现了原始的物物交换。第二次社会大分工使手工业和农业相分离，逐渐出现了直接以交换为目的的商品生产雏形，并且出现了以货币为媒介的商品流通。到原始社会末期，社会生产力有了进一步的提高，私有财产和阶级逐步产生，商品流通扩大，引发了第三次社会大分工，产生了专门从事商品交换的商人。商业的独立，使生产者的产品不仅可以进入本地市场，而且能扩展到较远的其他市场。于是，在奴隶社会初期，商品流通逐步超越国界，从而产生了国际贸易。因为这时国际贸易所需的两个条件得到了满足：生产力的发展导致国家的产生；国家与国家之间由于各自的自然条件差异而产生了国际分工。

奴隶社会生产力发展水平低下，进入流通的商品很少，故国际贸易在奴隶社会中的地位并不重要。奴隶社会的经济是以奴隶主占有生产资料和奴隶本身为基础的自然经济，主要追求使用价值形态的物质财富。当时国际贸易中的主要商品是奴隶主阶级所需要的奢侈品，如宝石、装饰品、各种织物、香料等。此外，国际贸易中带有奴隶社会特征的商品是奴隶——会说话的工具，它成为欧洲国家对外贸易中的重要商品，雅典当时就是一个贩卖奴隶的中心。奴隶社会的贸易国家，在欧洲主要有腓尼基、希腊和罗马等。中国在夏商时代进入奴隶社会，当时的国际贸易主要集中在黄河流域各国之间。

封建社会时期的国际贸易有了一定发展，特别是在封建社会的中晚期。封建地租由劳役和实物形式转变为货币形式，商品经济及对外贸易都得到进一步发展。在封建社会，奢侈品仍然是国际贸易中的主要商品，如西方国家的呢绒、酒和东方国家的丝绸、珠宝与香料等。贸易在地区分布上，亚洲各国之间已由近海逐渐向远洋发展。我国在公元前 2 世纪的西汉就开辟了从新疆经中亚通往中东和欧洲的"丝绸之路"，丝、茶、瓷器等商品通过"丝绸之路"输往欧洲。明朝郑和七次率船队下西洋，又拓展了海上贸易。欧洲在 11 世纪以后，随着意大利北部和波罗的海沿岸城市的兴起，国际贸易在地域上已扩大到地中海、北海、波罗的海和黑海沿岸。同时，由于城市手工业的发展，特别是毛纺织业的发展，推动了国际贸易的发展。而对外贸易的发展又促进了手工业的发展，促进了资本主义生产关系的萌芽和成长，为资本主义社会的兴起及国际贸易的大发展奠定了基础。

总之，人类进入阶级社会以后，国际贸易产生的条件已经具备，国际贸易已经开始出现；但由于奴隶社会、封建社会主要经济特征是自然经济，可供贸易的商品比较缺乏；国际贸易的物质基础还很薄弱。因此，只有到了资本主义社会，国际贸易才真正获得巨大发展。

二、国际贸易发展面临的挑战

尽管国际贸易在过去几十年里取得了显著的进展，但在其发展过程中，也遇到了一些挑战和难题。

1. 贸易保护主义

近年来，一些国家为了保护本国的产业和就业，采取了贸易保护主义措施。这些措施限制了其他国家的商品和服务进口，旨在保护本国产业免受外来竞争的侵害。然而，这种做法可能导致贸易战和全球经济不稳定。

贸易保护主义措施的形式多样，包括提高关税、设立配额、实施非关税壁垒等。这些措施不仅增加了进口商品的成本，降低了出口收入，还可能导致其他国家采取报复性措施，从而引发贸易战。这种恶性循环不仅会破坏全球贸易秩序，还会对全球经济造成负面影响。

2. 技术壁垒

随着科技的不断发展，一些国家通过技术壁垒来限制其他国家的商品和服务进口。这些技术壁垒包括对进口产品实施严格的技术标准和认证要求，以及对本国的技术创新进行保护。

技术壁垒的实施使其他国家的商品和服务难以进入市场，因为它们可能不符合进口国的技术标准和认证要求。这不仅增加了进口商品的成本和技术难度，还可能导致市场准入受到限制。同时，一些国家为了保护本国的技术创新，可能会采取知识产权保护措施，这也会对国际贸易产生一定的影响。

3. 汇率波动

汇率波动是国际贸易中一个重要的挑战。由于不同国家的货币汇率会随着市场供求关系的变化而波动，这就会导致进口商品的价格上涨和出口商品的价格下降。

当一个国家的货币贬值时，其出口商品的价格上涨，可能导致出口减少。同时，进口商品的价格下降，可能导致进口增加。这种汇率波动可能导致贸易不平衡和其他经济问题。此外，汇率波动还可能影响跨国公司的收益和投资决策，从而对国际贸易产生影响。

4. 环境和可持续性问题

国际贸易也可能对环境和可持续性产生负面影响。一些国家在参与国际贸易的过程中，可能会过度开采自然资源，导致环境破坏和气候变化。此外，一些贸易协定可能忽略了劳工和人权问题，导致不公平的竞争环境。

环境和可持续性问题对国际贸易的影响日益凸显。随着人们对环境和可持续性问题的关注日益增加，消费者和市场对绿色、环保产品的需求也在不断增长。因此，企业需要关注环境和可持续性问题，采取绿色供应链管理、环保包装等措施，以符合市场需求和应对国际贸易的挑战。

三、国际贸易的发展趋势

随着全球化和科技进步的加速，国际贸易正面临着前所未有的变革和挑战。未来几年，国际贸易将出现一些新的趋势和变化，这些变化将重塑全球贸易格局，并对各国经济产生深远影响。

1. 数字贸易的崛起

随着电子商务和互联网的快速发展，数字贸易将成为未来国际贸易的一个重要组成部分。数字贸易包括在线销售、数据服务、数字内容等，它具有快速、便捷、高效等特点，能突破时空限制，促进全球贸易的发展。数字贸易会以更快的速度增长，对全球经济产生重大影响。

2. 可持续发展成为核心目标

随着全球气候变化、环境破坏等问题的加剧，可持续发展将成为未来国际贸易的一个重要考虑因素。贸易协定可能更加关注环境和可持续性问题，例如碳排放、水资源管理、劳工权益等。此外，消费者对环保和可持续性产品的需求也将不断增加，这将对国际贸易的产品结构产生影响。

3. 区域化贸易集团的壮大

未来几年，区域化贸易集团可能成为国际贸易的一个重要趋势。这些集团包括多个国家或地区，它们通过自由贸易协定或其他形式的合作促进商品和服务的交换。例如，欧洲联盟（EU）和亚太经济合作组织（APEC）是两个最大的区域化贸易集团。区域化贸易集团的发展有助于促进区域内贸易的增长，并推动全球贸易的平衡发展。

4. 技术创新的推动作用

未来几年，技术创新将成为推动国际贸易发展的关键因素。例如，区块链技术、人工智能、物联网等新技术将为国际贸易提供新的机会和挑战。这些技术可以提高交易效率、降低成本、改善供应链管理、提升产品质量等，从而促进全球贸易的发展。

5. 贸易格局的变化

随着新兴经济体的崛起和全球价值链的演变，国际贸易格局将发生变化。新兴经济体和发展中国家在全球贸易中的地位将不断提升，而发达国家的主导地位将逐渐减弱。此外，全球价值链的演变也将改变国际贸易的结构和模式，商品和服务贸易将更加紧密地结合在一起。

总之，各国需要密切关注这些趋势的发展，并采取积极措施应对挑战，以实现可持续的经济发展。

第二节　国际贸易的概念及分类

一、国际贸易的基本概念

（一）国际贸易和对外贸易

国际贸易亦称"世界贸易"，是指世界各国（地区）之间进行的货物和服务的交换活动。它由各国（地区）的对外贸易构成，是世界各国（地区）对外贸易的总和。

对外贸易亦称"国外贸易"，是指一个国家（地区）同其他国家（地区）所进行的货物和服务的交换。海岛国家，如英国、日本等，也常用"海外贸易"表示对外贸易。从国际范围来看，这种货物和服务的交换活动就称为国际贸易或世界贸易。因此，对外贸易是以一个国家（地区）为主体，相对于国内贸易而言的。国际贸易由出口和进口两部分组成，对运出货物和服务的国家（或地区）来说，就是出口；对运进货物和服务的国家（或地区）来说，就是进口。

国际贸易和对外贸易有广义与狭义之分：包括货物与服务的国际贸易和对外贸易称为广义的国际贸易和对外贸易；如不把服务贸易包括在内，则称为狭义的国际贸易和对外贸易。

国际贸易是指不同国家之间进行的商品和服务的交换活动。它是全球经济中不可或缺的一部分，对促进各国经济发展、提高人民生活水平以及推动世界经济增长具有重要意义。

（二）国际贸易的重要性

第一，国际贸易可以促进各国经济的发展和增长。通过进口可以获得其他国家的优质商品和服务，提高生产效率和产品质量；通过出口可以将国内产品推向国际市场，扩大销售渠道和市场份额，增加就业机会和收入。

第二，国际贸易可以为消费者提供更多的选择和更便宜的商品和服务，提高人民生活水平。同时，通过进口可以满足国内对某些特定商品的需求，如粮食、能源等，保障国家的食品安全和能源安全。

第三，国际贸易可以促进技术的传播和创新。通过与其他国家进行技术合作和交流，可以引进先进的技术和管理经验，提高本国产业的竞争力和创新能力。

第四，国际贸易可以促进国际的合作与交流。通过贸易往来，各国可以加强政治和经济联系，增进相互了解和信任，推动全球治理体系的建设和完善。

（三）国际贸易的主要形式

货物贸易——以实物形式进行的商品交换活动。它包括了各种有形的商品，如农产品、工业品、矿产品等。货物贸易是国际贸易中最主要的形式之一。

服务贸易——以提供各种服务为主要内容的经济活动。它包括了旅游、金融、教育、医疗、运输等各种服务领域。随着经济全球化的发展，服务贸易在国际贸易中的比重逐渐增加。

跨境电子商务——通过互联网平台进行的跨国电子商务交易活动。它打破了传统的地域限制，使消费者可以直接从国外购买商品和服务，促进了国际贸易的发展。

直接投资——企业或个人通过在国外设立分支机构或购买外国企业股权等方式进行的投资活动。直接投资不仅可以获得国外的资源和技术，还可以进入国外市场，扩大企业的国际影响力。

二、国际贸易的分类

（一）按货物移动的方向划分

按货物移动的方向不同，国际贸易可分为出口贸易、进口贸易和过境贸易。

1. 出口贸易

出口贸易（export trade）又称输出贸易，是指将本国生产和加工的商品（包括服务）输往国外市场进行销售的贸易业务。不属于外销的商品则不算，如运出国境供驻外使领馆使用的货物，旅客个人使用带出国境的货物均不流入出口贸易。此外，在国际贸易中，一国从外国进口的商品不经任何实质性加工，再向外出口时，称为复出口。

2. 进口贸易

进口贸易（import trade）又称输入贸易，是指将外国生产和加工的商品输入本国市场销售的贸易业务。同样地，不属于内销的货物则不算，如外国使领馆运进自用的货物，旅客带入供自用的货物均不列入进口贸易。此外，在国际贸易中，一国的产品销往别国后未经加工又被该国重新购回时，称为复进口。

3. 过境贸易

过境贸易（transit trade）又称通过贸易，是指贸易货物通过一国国境，不经加工地运往另一国的活动。如甲国经过乙国国境向丙国运送货物，对乙国来说便是过境贸易，因为这种贸易对乙国来说，既不是进口也不是出口，仅仅是商品的过境而已。过境贸易分为直接与间接两种。外国商品纯系转运关系经过本国，不经本国海关保税仓库存放就直接运往另一国的为直接过境贸易；间接过境贸易是指外国商品运到国境后，曾存放在海关仓库，之后未经加工从仓库提出运往另一国。

有些国家把开展过境贸易作为吸引外国人才流、物流、信息流的重要手段，以此来促进本国的发展。如中国利用亚欧大陆桥、俄罗斯利用欧亚大陆桥分别吸引日本、韩国输往西欧、中亚的货物过境，以加快铁路沿线经济的发展。

(二) 按国境或关境划分

按国境或关境可将国际贸易分为总贸易和专门贸易。

1. 总贸易

总贸易 (general trade) 是指以国境为标准划分进口与出口的一种统计方法，也称为总贸易体系。总贸易可分为总进口和总出口。凡是进入一国国境的商品一律列入总进口，包括进口后供国内消费的部分和进口后成为转口或过境的部分；凡是离开一国国境的商品一律列入总出口，包括本国产品的出口、外国商品的复出口及转口或过境的部分。总进口额加总出口额构成总贸易额。

2. 专门贸易

专门贸易 (special trade) 是指以关境作为划分进口与出口标准的统计方法，也称专门贸易体系。专门贸易又可分为专门进口与专门出口。

专门进口是指外国商品进入关境并向海关缴纳关税，由海关放行后才能成为专门进口；专门出口是指从本国运出关境的本国产品及进口后未经加工又运出关境的复出口商品。专门进口额加专门出口额构成一国的专门贸易总额。

一般情况下，一国关境和国境完全重合，但也有不一致的情况。自由港、出口加工区、保税区、经济特区虽在国境之内，但却在关境之外。因此，设有经济特区的国家，关境的范围要小于国境。另一个情况，当几个国家结成关税同盟，参加关税同盟的国家的领土合并成一个统一关境，对内取消一切贸易限制，对外建立统一关税制度，这时的关境要大于某一国的国境。

由于各国在编制统计时采用的方法不同，所以联合国发表的各国对外贸易额资料，一般都注明是按何种贸易体制编制的。总贸易和专门贸易反映的问题各不相同。前者包括所有进出该国的商品，反映一国在国际贸易商品流通中所处的地位；后者只包括那些进口用于该国生产和消费的商品，出口由该国生产和制造的商品，反映一国作为生产者和消费者在国际贸易中所起的作用。

（三）按商品形式划分

1. 有形贸易

有形贸易（visible trade）是指以具有物质形态的商品为买卖对象的贸易，即国际贸易中的货物贸易。因为货物具有看得见、摸得着的物质属性，如汽车、服装等，所以把实物商品的贸易称为有形贸易。有形贸易的进出口必须通过海关，海关依据海关税则对商品征收关税，并反映在海关的贸易统计上，它是一国国际收支中最主要的项目。

2. 无形贸易

无形贸易（invisible trade）是指一切不具备自然属性的、无实物形态的商品进出口所形成的交易活动，如教育、通信、旅游、保险、金融、运输、技术有偿转让等。一般来说，无形贸易包括服务贸易和技术贸易。无形贸易不经过海关手续，其金额通常不显示在海关的贸易统计上，而显示在一国的国际收支表上。

（四）按贸易参加国的多少划分

按贸易参加国的多少可把国际贸易分为双边贸易、三角贸易和多边贸易。

1. 双边贸易

双边贸易（bilateral trade）是指由两国参加，双方的贸易是以相互出口与相互进口为基础进行的。贸易支付在双边交易基础上进行核算，自行进行外汇平衡。这类方式多使用于外汇管制国家。现在，有时也泛指两国之间的贸易关系。

2. 三角贸易

三角贸易（triangular trade）是双边贸易的扩大，是指在三个国家之间相互出口和相互进口，并进行合理搭配，以实现外汇平衡的一种方式。此方式往往因为双方在交易时，商品不能适销对路，或者因进出口不能平衡造成外汇支付的困难，而把交易活动扩大到第三个国家，这类方式往往是以三个国家共同签订相互贸易协定来保证其顺利进行的。

3. 多边贸易

多边贸易（multilateral trade）是指三个以上国家之间相互进行若干项目的商品交换相互进行多边结算的贸易行为。此类方式有助于若干个国家在进行相互贸易时，用对某些国家的出超支付对另一些国家的入超，从而寻求外汇平衡。当贸易项目的多边结算仍然不能使外汇平衡时，也可用非贸易项目的收支来进行多边结算。

（五）按贸易是否有第三国参加划分

按贸易是否有第三国参加可将国际贸易分为直接贸易、间接贸易和转口贸易。

1. 直接贸易

直接贸易（direct trade）是指商品生产国与消费国不通过第三方直接买卖货物的贸易活动。贸易的双方直接洽谈、直接结算，货物从生产国直接卖给消费国。直接贸易对生产国来说是直接出口，对消费国来说是直接进口。

2. 间接贸易

间接贸易（indirect trade）是指商品生产国与商品消费国通过第三国所进行的买卖货物的贸易活动。此类贸易因为各种原因，出口国与进口国之间不能直接进行洽谈、签约和结算，必须借助于第三国参加。贸易货物既可由出口国经由第三国运送到进口国，也可由出口国直接运送到进口国。对生产国来说是间接出口，对消费国来说是间接进口。

3. 转口贸易

在间接贸易中，商品生产国与商品消费国通过第三国进行的贸易，对第三国来说就是转口贸易（entrepot trade）。进口商和出口商并未直接发生关系，而是由第三国转口商分别同它们发生贸易关系。转口贸易不同于过境贸易，两者的区别为：转口贸易中，货物的所有权因转口商的买卖而发生转移，它有第三国贸易商参与，并且不论货物是否经由第三国运送；而过境贸易中，货物所有权没有发生转移，没有第三国贸易商参与，也不列入第三国进出口统计内。

（六）按清偿方式划分

按清偿方式的不同可将国际贸易分为现汇贸易和易货贸易。

1. 现汇贸易

现汇贸易是指以货币作为清偿工具的贸易，又称自由结汇贸易。国际贸易中能作为清偿的货币主要是美元、欧元、日元等，这些货币在国际支付中具有普遍接受性。这是国际结算中的主要结算方式。这种贸易方式通常不用现金支付，一般通过银行进行转账和收款业务，世界上大多数国家都采用现汇贸易方式。

2. 易货贸易

易货贸易是指经过计价的货物互相作为清偿工具的国际贸易，又称为换货贸易。采用这种贸易方式，大多起因于某些国家外汇不足，无法以自由结汇方式或者外汇支付方式与其他国家进行交易。政府之间的易货贸易也称协定贸易，需要签订贸易协定与支付协定。民间的易货贸易（包括补偿贸易）也可以采用部分现汇、部分易货贸易相结合的方式，通常采用进出口结合的方式，双方易货总额尽可能对等平衡。它的特点是：把进口与出口直接联系起来，贸易双方有进有出，一方既是卖方，又是买方，进出口平衡，基本不以外汇支付，以达到节省外汇资金的目的，这就要求互换的货物品种相当，换货的总金额相等。这种方法一般较多在外汇支付困难、外汇管制较严格的国家使用。

（七）按贸易伙伴经济水平划分

按贸易伙伴的经济水平可将国际贸易分为水平贸易和垂直贸易。

1. 水平贸易

水平贸易（horizontal trade）是指经济发展水平比较接近的国家之间开展的贸易活动。如发达国家之间及发展中国家之间所展开的贸易活动。各个发达国家之间尽管生产力水平相近，但仍存在着各种差异，如各工业部门发展水平不平衡，技术水平各有长短，资源供应也各不相同，需要通过国际贸易来取长补短，弥补不足。各发展中国家之间的水平贸易，则是为了相互支持、相互弥补民族工业部门的短缺，以改变国际分工中的不利地位，与发达国家相抗衡。

2. 垂直贸易

垂直贸易（vertical trade）是指经济发展水平不同的国家之间开展的贸易活动。发达国家与发展中国家之间进行的贸易大多属于这种类型。由于这些国家在国际分工中所处的地位以及经济技术发达程度相差甚远，因此，一般是发达国家从发展中国家进口农产品、工业原料或劳动密集型的工业产品，而向这些国家出口工业制成品，特别是资本密集型或技术密集型的工业产品。

（八）按贸易方式的性质划分

按贸易方式的性质可将国际贸易分为商品贸易、加工贸易、补偿贸易和租赁贸易。

1. 商品贸易

商品贸易（goods trade）是指以商品买卖为目的的纯商业方式所进行的贸易活动。此种性质的交易方式又包含一些具体的交易方式，如经销、代理、寄售、拍卖、投标及展卖等。

2. 加工贸易

加工贸易（process trade）是指利用本国的人力、物力或技术优势，从国外输入原材料、半成品、样品或图纸，在本国内加工制造或装配成成品再向国外输出的，以生产加工性质为主的一种贸易方式。加工贸易又可分为来料加工、来样加工和来件装配。

3. 补偿贸易

补偿贸易（compensation trade）是指参与两国之间贸易的双方，一方用对方提供的贷款购进机器、设备或其他技术，或者是用对方提供的机器、设备或技术进行生产和加工活动，待一定时期后，该方用该项目下的产品或其他产品或者是产品销售后的收入去偿还对方的贷款或设备技术款项的一种贸易方式。此种贸易方式对解决买方资金的暂时不足，帮助卖方推销商品均有一定的作用。

4. 租赁贸易

租赁贸易（renting trade）的本质是租，它是由租赁公司以租赁的方式将商品出租给国外的用户，国外租户不交付商品货款而交付商品租金的一种交易方式，因此也被称为租赁信贷。这种贸易方式的特点是：出租的商品一般都是价格较为昂贵的设备或交通工具等，租赁公司享有该商品的所有权，并可按期收回稳定的资金；租户可避免积压大量的设备资金，并可及时更新、使用新技术。租赁贸易在国际贸易活动中发展迅速，并逐渐发展为租购结合，即先租到一定时期后，该商品所有权转为租户所有，变成了买卖关系。

（九）按有无纸单证划分

按有无纸单证可将国际贸易分为有纸贸易和无纸贸易。

1. 有纸贸易

有纸贸易（documentary trade）也称单证贸易，是指在国际贸易交易过程中，通过单证等商业文件的交接进行结算支付并履行合同的一种贸易方式。在国际贸易中常见的结算单据有汇票、发票、提单、装箱单、重量单、保险单、商检单等。另外，信用证和合同本身也都是书面文件。由于国际贸易的复杂性，不易做到一手交钱一手交货，在信用证支付方式下，往往是单据的买卖，即一手交单一手付款，因此单据在交易过程中就成了双方履行权利和义务的重要依据。

2. 无纸贸易

无纸贸易（paperless trade）也称为电子数据交换（Electronic data interchange，EDI）贸易，是一种将贸易、运输、保险、海关、银行等部门的电脑通过互联网（Internet）对商务信息按国际统一标准进行格式化处理，并把这些数据通过电脑网络进行商业文件相互交换和自动处理，在不使用纸质单证的情况下完成询问、订单、托运、投保、报关、结算等一系列业务手续的一种现代化方式的新型贸易。

现行贸易方式是通过书面贸易文本、单证的传递实现的，其间的环节重要、程序复杂、周转缓慢，难免出现错漏。EDI，即电子数据交换则是以电脑和数据通信技术为基础发展起来的现代信息处理和信息通信技术。经贸活动的各种商务信息通过信息网络传送到各有关部门、公司、企业，进行必要的处理后，即可完成包括订货、生产、库存、市场需求、销售、进出口、报关、运输、保险、海关电报乃至银行支付、结算、收据等全部贸易业务活动。EDI 将标准化的商贸文件，通过信息网络，实现从电脑到电脑的电子文件交换，能使商贸活动进程在最短的时间内准确完成，免除了传统贸易中各种单据、票证等纸质文件的烦琐往来，是今后国际贸易发展的趋势。

第三节　国际贸易的特点与作用

一、国际贸易的特点

国际贸易与国内贸易都属于流通领域，都从事商品交换，交易过程大体相同。但是，国际贸易与国内贸易所处的环境和活动范围不同，这就使国际贸易具有其自身的特点。

1. 国际贸易的困难较大

第一，政策性制约因素多。由于国际贸易涉及国家之间的重大经济利益，为了争夺国际市场，各国纷纷采用各种措施鼓励本国产品的出口；而为了保护本国工业和国内市场，又往往采取关税和非关税措施来限制外国商品的进口。所有这些政策都给国际贸易增加了困难。

第二，语言、法律、风俗习惯的不同使国际贸易难度增大。为使国际贸易顺利进行，交易双方必须克服语言的障碍。虽然英语是国际贸易中最通行的商业语言，但德国和法国为维护本国的尊严，通常分别使用德语和法语，西班牙及大部分中南美洲国家通行西班牙语，从而使国际贸易的难度增加。在国际贸易中，由于各贸易国的商业法律千差万别，在买卖合同、运输合同、保险合同等方面，一旦发生纠纷，就要根据相应国际规则解决，这比解决国内贸易纠纷的难度大。此外，由于各国风俗习惯、信仰等都有差异，给国际贸易带来许多不便，不仅输往各国的商品种类要适销对路，而且包装、商标、图案、颜色乃至使用说明书都要慎重处理。

第三，对国外市场和贸易对手的资信情况调查不易。国际市场变化多端，要想做出正确的决策，就必须对其进行周密的调查研究，但国外市场信息的收集较之国内市场困难得多。国际贸易交易额大，买卖双方都要获取对方的资信情况，但是单靠自身力量进行调查十分困难，而如果委托专门机构调查，虽能得到较详尽的资料，但成本太高。

第四，交易的技术性困难多，交易接洽不便。国际贸易所遵循的贸易惯例，在法律上不具有强制力和约束力，因而具有很大程度的任意性和不稳定性；一旦出现货物品质、数量、包装、交货期等与原条件不符的情况而形成纠纷，不易得到解决。国际贸易的洽商，交易双方往往以电报、电传、信函等往返进行，所费时日较多；而当面磋商，跨国旅途往返既耗费时间又要承担高昂旅费，并且不能保证顺利成交。这些因素都加大了国际贸易的难度。

2. 国际贸易的复杂程度高

一是国际贸易中的支付比较复杂。进行国际贸易支付时，由于各国货币制度、度量衡制度、汇率制度及外汇管理制度不同，因而支付问题比国内贸易复杂得多。

二是国际贸易中货物的运输和保险情况复杂。国际贸易一般运输距离长、中间环节多、涉及面广、情况复杂多变，所以要解决的问题多。包括运输合同条款、承运人与托运人的责任，办理装运手续、提货手续及发生问题时的索赔和仲裁等，都须认真考虑和妥善处理。为了保障货物运输过程中受到损失后能得到经济上的补偿，还需要对货物加以保险，而国际货物运输保险的内容也较国内贸易复杂。

三是国际贸易中的检疫、通关手续复杂。各国对国际贸易货物进出关境都规定了一整套复杂的检疫、通关等制度，而且国与国之间的制度差异又非常大，增加了国际贸易复杂程度；而国内贸易则不存在这些问题。

四是信用风险。在国际贸易中，买卖双方从开始接洽，经过报价、还价、确认而后订立合同，再到卖方交货、买方付款，需要经过相当长的一段时间，在此期间，买卖双方的财务和营业情况可能发生较大的变化，有时会危及国际贸易合同的全面履行。

五是商业风险。国际贸易的进口商往往以各种理由拒收货物，这对出口商就形成了商业风险。进口商拒收的理由多由货样不详、交货期晚、质量问题、单证不符等造成。对出口商来说，这些理由在货物遭到拒收前是无法确定的。拒收后虽可弥补或交涉，但损失已经发生。

六是政治风险。一些国家对外贸易政策与措施的变化或国内政局的变动，使国际贸易会承受许多国内贸易不须承担的政治风险。

七是价格风险。国际贸易中，买卖双方签订合同后，如果在卖方发货前，货物价格上涨，卖方要承受因价格上涨带来的风险；如果在买方收货后，货物价格下跌，买方就要承担由此所带来的风险。因为国际贸易多为大批量交易，而国际市场价格复杂多变，所以进出口双方面临的价格风险更大。

八是外汇风险。由于进出口双方国家的货币不同，在国际贸易中使用的货币就有三种情况：进口国家的货币；出口国家的货币；第三国货币。在浮动汇率制度下，各国汇率往往因供求关系不平衡等因素的影响而暴涨暴跌，从而导致国际贸易中存在国内贸易没有的外汇风险。

九是运输风险。国际贸易货物一般要经过长途运输，且大多采用海洋运输方式，路程远、时间长。因此，运输途中发生的风险也随之增多。有些风险可由保险公司承担，而另一些风险则须卖方和（或）买方自己负责。

二、国际贸易的作用

国际贸易的发展是社会化大生产发展的内在需要，对现代各国经济和世界经济的发展具有重要的作用。

1. 国际贸易有利于平衡一国市场的供求关系

由于生产要素（factors of production）分布状况和生产力发展水平的差异，世界各国的生产能力参差不齐。就一国国内市场供求状况而言，有些产品可能供不应求，另外一些产品可能呈现过剩状态。供求不平衡的状况会妨碍一国经济的进一步发展。国际贸易可以使各国互通有无，调剂余缺，出口贸易可以为国内剩余资源和商品解决出路，进口贸易则可解决资源和商品的匮乏，弥补供给不足。正是国际贸易的这种重要功能，成为世界各国从事国际贸易的基本原因。

2. 国际贸易有利于发挥国际分工的经济效益

因为各种原因，各国的商品生产具有自身的相对优势和相对劣势。在国际分工产生以前，为了满足国内市场的多样化需求，一国必须将其生产要素配置到各种商品生产上，这样往往造成生产效率低下和生产要素的浪费。国际贸易促使各国充分发挥本国的相对优势，必然扩大优势商品生产，缩小劣势商品生产，从而大大提高生产要素的效能，节约社会劳动，增加商品价值总量，即获取国际分工所带来的经济效益。这正是当今世界各国积极发展国际贸易的重要基础。

3. 国际贸易有利于提高劳动生产率

在国际贸易中，商品的价值是按国际价值计算的，一国出口的商品，如果其国内价值低于国际价值，就能在国际交换中获取利益。出口商品的国内价值低于国际价值的差额越大，获得的利益就越多。而要使出口商品的国内价值低于国际价值，就必须不断提高出口商品的劳动生产率。也就是说，一国要从对外贸易中获取更多的经济利益，其最根本的办法是不断提高本国出口商品的劳动生产率。所以，国际贸易有利于从经济利益上促使各贸易参与国不断提高劳动生产率。

4. 国际贸易有利于获取规模经济效益

规模经济（economics of scale）效益是随着生产的扩大，单位产品的平均成本不断下降而产生的。国际贸易是一国商品的生产和流通向国外市场的延伸和拓展，必然导致市场需求的增加，从而刺激出口工业生产规模的扩大，降低产品生产要素分摊给单位产品的成本，增强出口产品的价格竞争优势，获取由此带来的规模经济效益。

5. 国际贸易有利于产业结构的调整和升级

出口商品结构，不仅决定于一国的产业结构，也决定于世界市场上的需求结构。国际贸易商品结构随着世界经济结构的变化而改变。为适应世界市场的需要，贸易参与国必须不断完善本国的产业结构。由于产业相互之间的关联作用，出口产业结构的调整必然带动其他产业结构的调整，从而促进国家产业结构的不断升级。另外，通过进口贸易引进国外先进的技术和设备，也能加速一国产业结构的完善和升级。

6. 国际贸易有利于促进世界经济的发展

世界经济的发展决定了国际贸易的规模、速度、结构和流向；国际贸易只是世界经济的重要组成部分，它的发展必然促进世界经济的不断发展。国际贸易有利于加强各国之间经济交流和经济合作，深化国际分工，加速生产要素的国际转移，从而促进生产国际化、资本国际化和经营国际化，推动整个世界经济的发展。

第四节　国际分工与世界市场

一、国际分工

（一）国际分工的含义和类型

国际分工（international division of labor）是指世界上各国之间的劳动分工。所谓劳动分工，就是各种社会劳动的划分与独立化。劳动分工是一切社会生产的一种基本形式，是不同形态的社会所共有的现象。

在人类历史发展的进程中，劳动分工经历了自然分工、社会分工和国际分工等几个不同的发展阶段。根据分工的具体内容，国际分工大致可分为以下三种类型。

1. 垂直型国际分工

垂直型国际分工（vertical international division of labor），是指原材料的生产和提供国与工业制成品的生产和供应之间的分工合作。这种分工一般发生在发展水平和经济结构具有明显差别的国家之间，如宗主国与殖民地国家之间的分工就属于这种类型。

2. 水平型国际分工

水平型国际分工（horizontal international division of labor），是指发展水平相近、生产技术水平相似的国家之间，对某些产品生产的不同环节或工艺过程进行专业化协作。第二次世界大战之后，随着第三次科技革命带来的科学技术和工业的迅速发展，"水平型分工"日益普遍，"垂直型分工"的重要性逐渐下降。在发展中国家之间、发达国家和部分发展中国家之间以及发达国家之间出现了广泛的"水平型"国际分工。

3. 混合型国际分工

目前，世界上绝大多数国家同时参与垂直型与水平型国际分工。造成这种复合分工形式有历史上的原因，也有新的生产组织方式的影响。特别是第二次世界大战后跨国公司的迅猛发展，使国际分工形势愈加复杂，世界各国的依赖与联系进一步加深。

（二）国际分工的历史发展

在人类社会发展早期曾出现过两次社会大分工，但在随后漫长的奴隶社会和封建社会，由于生产力水平相对低下，社会分工主要局限于一国之内。国家之间的产品交换十分偶然，更不用说世界范围的国际分工和协作了。世界性的国际分工大致产生于 15 世纪。纵观其演变过程，可分为以下四个阶段。

1. 国际分工的萌芽阶段（16 世纪—18 世纪中叶）

15 世纪末到 16 世纪上半叶的地理大发现，不仅促进了西欧国家的个体手工业向工场手工业过渡，而且是社会分工向国际分工扩展的一个重要转折。伴随着海外殖民掠夺和奴隶贸易的兴起，各国的经济联系不断扩大。在这一过程中，国际分工开始萌芽。萌芽阶段的国际分工的显著特征是宗主国与殖民地之间的不合理的分工。

2. 国际分工的形成阶段（18 世纪 60 年代—19 世纪 60 年代）

第一次科技革命使国际分工进入形成阶段，以机器大生产代替了工场手工业，社会生产力得到了空前的发展。为适应大工业发展的要求，行业之间的分工日趋完善，地域之间的分工也日渐明显，使社会分工最终越过国家和民族的界限，形成了以世界市场为纽带的国际分工。

机器大工业对国际分工的形成发挥了特别重要的作用，这一时期国际分工的基本格局是，以英国为首的少数发达国家变为工业国，广大亚非拉国家变成农业国。

3. 国际分工的发展阶段（19 世纪中叶到第二次世界大战）

"只有在机器大工业发展起来，社会生产力有了很大提高的情况下，才会产生进行国际分工的要求。"[1] 伴随着标志着人类开始从蒸汽时代进入电力和内燃机时代的第二次科学技术革命，发电机、电动机和内燃机在生产上的广泛使用创造出巨大生产力。一些新兴的工业部门，如电力、石油、化工、汽车制造和钢铁等纷纷出现，推动了社会生产力和国际分工的进一步发展。与此同时，资本主义从自由竞争向垄断过渡，通过资本输出进一步加深和扩大了国际分工。而资本输出把资本的统治从一国的范围内扩大到整个世界，建立了金融资本的世界统治，生产国际化和资本国际化的趋势日益增长。

①[德] 马克思（Marx Karl Heinrich），恩格斯（Engels Friedrich）. 马克思恩格斯全集［M］. 北京：人民出版社，1998：368.

4. 国际分工的深化阶段 (第二次世界大战以后)

第二次世界大战后发生的以核能、电子计算机、航天航空技术和生物工程发展为主要标志的第三次科技革命，是人类历史上规模最大、影响最深远的一次科技革命。这标志着世界生产力又发展到了一个崭新的时期，一系列新兴工业部门的涌现有力地促进了生产力的发展，使国际分工进一步深化。战后国际分工发展的基本格局是：从传统的以自然资源为基础的分工逐步发展为以现代工艺、技术为基础的分工；在继续保留以世界工厂与世界农村的对立为表现形式的垂直型国际分工的同时，出现了在技术水平较接近的发达国家之间的水平型国际分工，并且占据着越来越重要的地位；国际分工的范围不断扩大，参加国际分工的不仅包括发达的资本主义国家，而且还包括广大的发展中国家和社会主义国家，尤其是在发展中国家，一些新兴工业化国家和地区也积极加入当代国际分工的体系，并发挥着越来越重要的作用。

(三) 影响国际分工的主要因素

1. 生产力是决定国际分工产生和发展的根本因素

马克思主义经济学认为，生产力是一切社会经济现象的根源，体现世界生产力扩大的根本原因。

(1) 国际分工是生产力发展的结果。第二次科技革命带来了垄断和资本输出的迅速发展，国际工农业分工体系得到加强并最终确立。第三次科技革命推动了生产力大幅度提高，新兴工业部门不断涌现，跨国公司地位日益举足轻重，生产过程的国际化迅猛发展。这些巨大的变革使国际工业分工取代传统的工农业分工成为国际分工的主导形式。

(2) 生产力的发展制约着国际分工类型的演变。第三次科技革命之后，由于大量先进工艺技术的采用和新兴部门的出现，各国之间不同层次、不同形式的水平型分工迅速扩大。如今，世界上多数国家参与的是同时包含垂直型和水平型的混合型分工。

(3) 生产力的发展决定了国际分工的产品内容和范围。在国际分工早期，产品内容仅限于奢侈品和少数消费品。随着生产力的发展，逐步扩大到如粮食、工业原料等各类大宗产品。第二次世界大战后，各类工业最终制成品、高精尖产品比重不断提高，中间性产品和技术、劳务产品也呈日益增加的趋势。

2. 各国的资源禀赋的影响

一国的资源禀赋，主要是指该国在劳动力、资本和自然资源等方面的拥有状况。各国的资源禀赋由于各种原因往往差别很大。

但是，这种资源禀赋对国际分工的影响并不是决定性的。这是因为：一方面，每个国家的资源禀赋并不是一成不变的；另一方面，技术的巨大进步又会不断改变对资源的利用情况。这些巨大的变革使国际工业分工取代传统的工农业分工成为国际分工的主导形式。

3. 国际资本流动是推动国际分工的重要力量

国际资本流动的趋势揭示了国际分工的发展方向。20世纪初，欧美资本主义由自由竞争向垄断过渡，国内狭小的市场和资本的逐利本能迫使资本积极向外输出，推动了国际分工的发展。国际资本流动对国际分工的影响主要体现在第二次世界大战之后，其间跨国公司迅速成为世界经济舞台上的主角。为了实现规模经济、降低生产成本、扩大占有市场，跨国公司大规模推行全球性的专业化生产与协作，从而直接推动了工业部门内部分工的发展。

从另一个角度看，资本大规模流动也使一批资本短缺的发展中国家有机会利用外国资本加快本国经济建设，并且多层次、多类型地参与到国际分工体系中来。

二、世界市场

市场是商品和服务的交换场所或领域，世界市场是世界各国商品和服务的交换场所或领域，是世界各国之间各种交换关系的总和。广义的世界市场包括世界商品市场、世界劳务市场和世界金融市场等。世界市场是人类的商品交换关系突破国家和民族的界限而扩展到整个世界的结果，是资本主义生产国际化和国际分工的产物。虽然世界市场是在各国国内市场的基础上形成的，但它并不是各国国内市场的简单总和。两者之间既有紧密的逻辑联系，又存在着显著的差异。

(一) 世界市场的形成与发展

同国际分工一样，世界市场也是伴随着社会生产力的发展而形成和发展的。国际分工的存在是世界市场产生的前提和基础，没有分工就没有交换，也就没有市场；反之，没有市场也就没有交换，分工也不可能深入。

1. 世界市场的萌芽阶段

15世纪末16世纪初的地理大发现对西欧经济的发展产生了巨大的影响。在地理大发现之前，世界上只存在若干区域性市场，还没有世界市场。地理大发现给新兴的资产阶级开辟了新的活动场所，既引发了商业上的大变革，同时也为世界市场的产生奠定了基础。地理大发现把区域性市场逐渐地扩大为世界市场。

2. 世界市场的迅速发展阶段

18世纪60年代至19世纪70年代发生的产业革命，带来了两个革命性的后果，即大机器工业的确立和资本主义生产方式的确立成为占统治地位的生产方式。在大机器工业的影响下，世界市场和国际贸易发生了革命性的变化。大工业的发展促进了铁路、轮船、通信业的发展，为扩大各国国内市场和世界市场、加强国内和国际的经常性经济联系提供了物质技术基础。

3. 世界市场的形成阶段

19世纪70年代发生的第三次科学技术革命，一方面极大地促进了社会生产力的提高，工农业生产迅速增长，交通运输事业发生革命性变化；另一方面也使资本主义生产关系由自由竞争阶段过渡到垄断阶段，资本输出加强。这样，世界工农业生产的增长、交通运输工具的革命和资本输出的增加三者共同作用的结果，加速了世界市场和国际贸易的发展，把越来越多的国家囊括到世界市场和国际贸易中来，从而在世界历史上第一次实现了把世界各国都联系起来的、统一的、无所不包的世界市场。

（二）当代世界市场的主要特征

第二次世界大战后，世界经济和国际经济关系发生了深刻的变化。世界市场继续扩大和发展，并出现了以下新特点。

1. 世界市场主体结构发生明显变化

组成世界市场的国家类型呈现多样化；主要经济发达国家在世界市场中的地位和作用也发生了明显变化；在广大的发展中国家中，新兴工业化国家和地区以及石油输出国组织成员在世界市场上的占有率呈上升趋势。

2. 世界市场商品结构发生显著变化

国际贸易商品结构发生重大变化，在国际贸易中初级产品所占比重下降，工业制成品所占比重急剧增加；在世界各大类产品贸易中，经济发达国家出口占主导地位（除石油外）；经济发达国家商品多样化，而发展中国家出口的商品品种仍比较单一；在世界市场上，主要商品的出口国仍然为少数资本主义国家。

3. 当代世界贸易的主要贸易对象是经济发达国家

经济发达国家的出口地理方向主要是它们自身内部，发展中国家的出口地理方向也是经济发达国家。

4. 世界市场上的垄断竞争进一步加强

第二次世界大战后，世界市场由卖方市场转向买方市场，垄断进一步加强，使市场上的竞争更为激烈。这主要表现在四个方面：①经济发达国家的对外贸易大部分控制在少数大垄断企业手中；②通过建立出口或进口卡特尔来瓜分和控制世界市场；③跨国公司对国际贸易的影响日益增大；④国家积极参与世界市场的竞争。

5. 贸易保护主义重新抬头

在当代世界市场竞争中，各主权国家政府为了维护本国的经济利益，必然要运用国家权力通过各种方式对竞争进行干预和保护，以促进本国经济的发展，最大限度地减少竞争对本国经济发展所起到的负面作用。

（三）当代世界市场的构成

第二次世界大战以后，随着生产国际化和专业化程度的提高，世界市场范围不断扩大，构成日趋复杂。当代世界市场主要由以下七部分构成。

1. 国家和地区

第二次世界大战前，世界市场的国家构成较为单一，并由少数资本主义国家主宰世界市场；第二次世界大战后，殖民体系瓦解，一大批亚非拉发展中国家以独立主权国家的身份参加了世界市场活动。因此，第二次世界大战后的世界市场是一个由各种经济类型的国家（地区）组成的既统一又对立的复合体。根据联合国统计局的分类，参加世界市场活动的国家与地区可分为四组：发达的市场经济国家，包括欧洲、北美、日本等 27 个国家；东欧国家，即原经互会成员国；亚洲社会主义国家，包括中国、越南、朝鲜等国；发展中国家和地区，包括上述国家以外的所有亚洲、非洲、大洋洲、北美洲和欧洲的国家与地区。上述四组国家与地区在统一的世界市场上既相互依赖，又相互矛盾。

2. 订约人

当代世界市场的订约人既有以追求商业利润为目的而进行经济活动的企业，也有为促进私营企业扩大出口而建立并代表企业家集团利益的企业主联合会，还有经政府授权进行外贸活动的国家机关（政府各部和各主管部门）和机构。活动目的和性质互不相同的三类订约人在世界市场上组成国家之间商品和劳务交换的主体。

3. 商品

当代世界市场上交换的商品主要包括货物和服务。货物贸易主要包括三大类产品，即初级产品、制成品和其他产品。服务贸易按《服务贸易总协定》规定，由 12 大类构成，即商业服务、通信、建筑及相关工程、销售、教育、环境、金融、健康与社会、旅游及相关服务、文化娱乐与体育、运输、其他。

4. 商品市场

从世界商品市场的特征看，既有以自由竞争为特征的开放性市场，也有买方与卖方由组织上联系、受垄断组织控制的封闭性市场，还有以商业一次性合同为基础的市场。同时，有以国际专业化、协作化及长期的大规模联系为基础的市场，有以区域经济一体化为模式、以经济集团为基础的市场。

从世界商品市场的组织形式看，既有固定组织形式的国际商品市场，也有无固定组织形式的国际商品市场。有固定组织形式的国际商品市场一般均在固定场所按事先规定的原则和规章进行商品交易。无固定组织形式的国际商品市场是通过单纯的商品购销或与其他因素结合的商品购销形式来进行国际商品交易。

5. 商品销售渠道

销售渠道是指商品从生产者到消费者手中所经过的路线。世界市场上的销售渠道通常由三部分构成：第一部分是出口国的销售渠道，包括生产企业或贸易企业；第二部分是出口国和进口国之间的销售渠道，包括贸易双方的中间商；第三部分是进口国国内的销售渠道，包括经销商、批发商和零售商。

6. 运输网络构成

世界市场上的运输网络是由铁路运输网、公路运输网、水上运输网、管道运输网、航空运输网等组成的。

7. 信息网络构成

信息网络是世界市场的中枢。它是由国际电话、电报、电传、电视、广播、报刊、通信卫星系统、计算机互联网络组成的。

第二章　国际贸易理论构建的演化

第一节　古典国际贸易理论

　　古典国际贸易理论，起源于英国古典学派经济学家，以劳动价值学说为基础，从生产成本的角度出发，探讨了国际贸易的发生和影响。该理论主要包括亚当·斯密的绝对优势理论和大卫·李嘉图的比较优势理论。

　　亚当·斯密的绝对优势理论认为，国际贸易的基础在于各国商品之间存在的劳动生产率和生产成本的绝对差异，这种差异主要来源于自然禀赋和后天的生产条件。他主张每个国家应该专门生产自己具有绝对优势的产品，并用其中一部分交换其具有绝对劣势的产品，这样可以使各国的资源得到最有效率的利用，更好地促进分工和交换，使每个国家都获得最大利益。

　　大卫·李嘉图的比较优势理论则强调，即使一个国家在所有商品的生产上都没有绝对优势，只要存在相对优势，即劳动生产率的差异，就可以参与国际贸易并获得利益。李嘉图认为，每个国家应该专注于生产那些相对成本较低的商品，然后通过国际贸易获取其他相对成本较高的商品。

　　古典国际贸易理论是以完全竞争市场等假设为前提，从生产技术差异的角度来解释国际贸易的起因与影响的。在古典生产函数中，劳动是唯一的生产要素，因此，生产技术差异就具体化为劳动生产率的差异，这使劳动生产率差异成为国际贸易的一个重要起因。

一、绝对优势贸易理论

（一）历史背景

18世纪中后期，资本主义工场手工业在西欧各国获得了空前发展，随之而来的便是工业革命。工业资产阶级为了扩大海外市场，并从国外进口廉价的工业原料，他们迫切需要摆脱重商主义的束缚，反对政府对国际贸易的干预，反对金银外流的禁令。他们对货币金银本身已经不太感兴趣，而是对具体的物质财富（生产资料和消费资料）更加重视。亚当·斯密在 1776 年出版了《国民财富的性质和原因的研究》（简称《国富论》）一书，提出了绝对成本学说。

（二）理论渊源

1. 晚期重商主义的发展

晚期重商主义者托马斯·孟阐述了与早期重商主义的不同观点，其不认为货币储存越多，国家越富裕，并且要求国家取消禁止输出货币的法令，从那时起，国际贸易突破瓶颈，实现了输出与输入结合的方式。但由于对财富概念理解的偏差，以及 17 世纪初期技术的进步，需要一个促进创新的竞争环境，而重商主义垄断有碍于创新，英国取消了经济政策的管制，重商主义时代从此走向萧条。

2. 重农主义思想的启示

重农学派是在 18 世纪中期活跃于法国古典政治经济学的一个主流学派。在其风行活跃的二三十年中，重农主义学者与斯密有了深刻的思想交流。斯密一次很偶然的机会，与巴克勒公爵前往法国，深入地观察了法国社会，同魁奈以及杜尔阁的交往中，与他们达成了共识，即国家需要大力发展农业，减缓税收，扩大对外贸易，提升国内农业发展，积极倡导经济自由主义。重农学派反复强调私有制符合自然秩序，其实就是在强调发展资本主义对社会发展的重要性。

3. 亚当·斯密对重商主义的批判

古典经济学的创始人亚当·斯密（1723—1790）对重商主义进行了系统而深刻的批判。斯密驳斥了重商主义宣称的一国从国际贸易中的得益必然要以他国的损失为代价的观点。他认为社会财富应以商品劳务的生产来衡量，贸易的利益应是双方的，反对政府干预，他创立了自由放任的资本主义经济贸易理论——绝对利益说。在其著作《国富论》中对该理论做了详细阐述。

（三）主要内容

1. 前提假设

（1）世界上只有两个国家、两种产品、一种投入要素，即"2×2×1"模型。两国在不同产品上的生产技术不同，存在劳动生产率上的绝对差异。

（2）投入的边际产量是固定的，生产的规模报酬不变。

（3）对外贸易方面，没有运输成本和其他交易费用。进出口贸易值相等，即贸易是平衡的。

（4）劳动是唯一生产要素，在一国内是自由流动的，但国家之间不能自由流动。

（5）市场是自由竞争的。

2. 核心思想

由以上假设可知，绝对优势理论是一个理想模型，其核心是各国应按照"绝对成本"原则进行国际分工和自由贸易，即生产和出口本国生产成本绝对低于他国的商品，进口生产成本绝对高于他国的商品，按此原则进行分工贸易，对各国均有利。其政策主张是实行自由贸易，强调"看不见的手"的作用，贸易越自由，国际分工越彻底，从国际贸易中获利就会越大。

3. 主要观点

（1）分工可以提高劳动生产率，增加国民财富。斯密认为，交换是出于利己心并为达到利己目的而进行的活动，是人类的一种天然倾向。人类的交换倾向产生分工，社会劳动生产率的巨大进步是分工的结果。他以制针业为例说明其观点。根据斯密所举的例子，分工前，一个工人每天至多能制造 20 枚针；分工后，平均每人每天可制造 4800 枚针，每个工人的劳动生产率提高了几百倍。由此可见，分工可以提高劳动生产率，增加国民财富。

（2）分工的原则是成本的绝对优势或绝对利益。斯密进而分析到，分工既然可以极大地提高劳动生产率，那么每个人专门从事他最有优势的产品的生产，然后彼此交换，则对每个人都是有利的。即分工的原则是成本的绝对优势或绝对利益。他以家庭之间的分工为例说明了这个道理。他说，如果购买一件东西所花费用比在家内生产的少，就应该去购买而不要在家内生产，这是每一个精明的家长都知道的格言。裁缝不为自己做鞋子，鞋匠不为自己裁衣服，农场主既不打算自己做鞋子，也不打算缝衣服。他们都认识到，应当把全部精力集中用于比邻人有利地位的职业，用自己的产品去交换其他物品，会比自己生产一切物品得到更多的利益。

（3）国际分工是各种形式分工中的最高阶段，在国际分工基础上开展国际贸易，对各国都会产生良好效果。斯密由家庭推及国家，论证了国际分工和国际贸易的必要性。他认为，适用于一国内部不同个人或家庭之间的分工原则，也适用于各国之间。国际分工是各种形式分工中的最高阶段。

（4）国际分工的基础是有利的自然禀赋或后天的有利条件。斯密认为，有利的生产条件来源于有利的自然禀赋或后天的有利条件。自然禀赋和后天的条件因国家而不同，这就为国际分工提供了基础。各国按照各自的有利条件进行分工和交换，将会使各国的资源、劳动和资本得到最有效的利用，将会大大提高劳动生产率和增加物质财富，并使各国从贸易中获益。这便是绝对成本说的基本精神。

二、比较优势贸易理论

（一）历史背景

1815 年，英国政府颁布了《谷物法》，提高粮食和土地的价格，限制进口谷物，严重损害了新兴工业资产阶级的利益，导致工人工资被迫上升；地租上升，企业主成本增加；吃粮开支上升，各阶层对工业品的消费下降；进而招致外国以高关税限制英国工业品出口，英国的对外贸易受到重创。英国工业资产阶级迫切希望废除《谷物法》，并四处宣扬谷物自由贸易的政策，而英国大地主资产阶级由于《谷物法》获得的高额利益，便绞尽脑汁地想办法维护它的继续施行，提倡国内粮食自给，反对谷物的自由贸易。英国工业资产阶级和土地贵族阶级在是否进行谷物自由贸易上展开了激烈的博弈。绝对优势理论主要以地域分工理论作为贸易理论的基础，但是两个国家生产的两种不同的商品都具有绝对成本优势是很难实现的，无法解释很多国家在没有绝对优势时产品之间所进行的贸易往来，因此迫切需要新理论的出现。

在反对《谷物法》和争取自由贸易的斗争中，李嘉图作为英国工业资产阶级的忠实拥护者，于 1817 年在其创作的《政治经济学及赋税原理》中提出了比较优势理论。比较优势理论认为，只要各国之间产品的生产成本存在相对差异就可以参与国际贸易，并可以从中获利。提倡英国不仅要从国外进口粮食，还要大量地出口本国的工业制成品，以此来获得利益差，促进英国国内财富的增加。最终在 1846 年英国废除了《谷物法》，这是 19 世纪英国自由贸易政策取得的最伟大胜利。

（二）理论渊源

大卫·李嘉图（David Ricardo）在亚当·斯密的绝对优势理论基础上提出了比较优势理论。斯密认为由于自然禀赋和后天有利条件不同，各国均有一种产品生产成本低于他国而具有绝对优势，按绝对优势原则进行分工和交换，各国均可获益。李嘉图发展了斯密的观点，认为决定两国能否进行专业化分工和自由贸易的基础不是绝对成本的差别，而是比较成本的差别。在"2×2×1"的国际环境中，即使其中一个国家在两种产品生产上都处于绝对成本劣势，另一个国家在两种产品生产上都处于绝对成本优势，两国照样可以进行国际专业化分工和自由贸易。只要双方各自选择自己比较成本低的产品进行专业化分工并尽力扩大生产、加强出口贸易，同样可以保证贸易双方的互惠互利。

（三）主要内容

1. 前提假设

（1）世界是只有两个国家，它们只生产两种产品。

（2）两种产品的生产都只有一种要素投入——劳动，即"2×2×1"模型。

（3）劳动是唯一生产要素，在一国内是自由流动的，但国家之间不能自由流动。

（4）规模报酬不变。

（5）完全竞争市场。

（6）无运输成本。

（7）两国之间的贸易是平衡的。

2. 核心内容

大卫·李嘉图的相对比较优势理论是在亚当·斯密的绝对优势理论的基础上发展起来的。李嘉图指出了亚当·斯密的缺陷，指出在国际贸易中起决定作用的是比较利益，认为即使一国在两种商品的生产中劳动生产率都处于全面优势或全面劣势的地位，两者有利或不利的程度必然有所不同。在国际分工中起决定作用的不是"绝对利益"，而是"相对利益"。各国应按"两优取其更优、两劣取其次劣"的原则进行分工，集中生产出口"相对优势"产品，进口"相对劣势"产品，按此原则进行分工与贸易，对各国均有利。

3. 主要观点

（1）反对贸易保护，提倡自由贸易。

（2）反对进口关税和出口补贴。

（3）促进技术进步，提高机器使用率。

第二节 新古典国际贸易理论

新古典国际贸易理论是在新古典经济学框架内建立的标准的贸易理论形式，其考察国际贸易问题主要利用新古典的边际分析、均衡分析方法。该理论主要包括要素禀赋理论。

一、要素禀赋理论

（一）理论提出

要素禀赋理论，又称赫克歇尔—俄林理论（H—O 理论），是关于要素差异的国际贸易理论。这一理论是由瑞典经济学家赫克歇尔首次提出的基本论点，随后由俄林系统地创立。该理论的主要背景是为了解释李嘉图比较优势理论，并进一步探讨各国生产参与国际贸易交换的商品具有比较成本优势的原因。

在 20 世纪早期，赫克歇尔和俄林批判地继承了大卫·李嘉图的比较成本说。他们认为，仅仅用劳动支出这一因素的差异来解释国际贸易是片面的。在生产过程中，除了劳动，资本、土地、技术等多种生产要素都在起作用。因此，各国产品的成本差异必须同时考虑到各个生产要素。为了挑战英国古典经济学派，俄林在 1933 年出版的《地区间贸易与国际贸易》一书中系统地提出了自己的贸易学说，这标志着要素禀赋说的正式诞生。

（二）主要内容

1. 基本假设

（1）两种要素。假设生产过程中使用两种生产要素——资本和劳动力。这两种要素可以跨行业自由流动。

（2）两种商品。这两种商品具有不同的生产技术，一种使用较多的土地，是资本密集型产品；另一种使用较多的劳动力，是劳动密集型产品。

（3）两个国家。假设存在两个国家——本国与外国。两国在资源（要素）禀赋上具有差异，一国是劳动力充裕型国家，另一国是土地充裕型国家。

（4）其他假设标准。其他假设标准与李嘉图模型一样，如假设规模效益不变、充分竞争等。

2. 基本概念

（1）要素密集度。

要素密集度（factor intensity）是一个与产品特性相关的概念，描述产品的生产技术。

土地密集型产品，是指无论工资相对于劳动的比例为多少，这种产品在生产过程中使用的土地相对于租金的比例均高于另一种商品。同样地，劳动密集型产品，是指无论工资相对于租金的比例为多少，这种产品在生产过程中使用的劳动相对于土地的比例均高于另一种商品。这是由产品本身的生产技术决定的。

值得注意的是，要素密集度是一个相对的概念，关注的是土地数量相对于劳动力的数量，而不是土地和劳动力的投入绝对量。在"2×2×1模型"中，任何一种产品都必然要么是土地密集型产品，要么是劳动密集型产品。任何一种产品都不可能既是土地密集型产品，又是劳动密集型产品。

（2）资源充裕度。

资源/要素充裕度（resource/factor abundancy）是一个与国家特性相关的概念，描述国家的资源/要素禀赋（resource/factor endowment），也就是资源拥有量。如果一国所拥有的土地相对于劳动力的比例高于另一国，则称这个国家为土地充裕型国家。如果一国所拥有的劳动力相对于土地的比例高于另一国，则称这个国家为劳动力充裕型国家。这是由国家的资源禀赋决定的。

同样地，要素丰裕度也是一个相对的概念。在"2×2×1模型"中，任何一个国家都必然要么一个是资源充裕型国家，要么是劳动力充裕型国家。任何一个国家都不可能既是资源充裕型国家，又是劳动力充裕型国家。

3. 核心内容

各国生产要素的相对丰裕度导致各国生产要素价格的差异，而生产要素价格的差异使产品在生产过程中所使用的要素比例不同，导致各国生产同种产品的成本不同，从而造成同种商品价格不同。因此，一国应集中生产并出口其相对丰裕要素生产的产品，进口其相对稀缺要素生产的产品，按此原则进行分工与贸易，对各国才均有利。

4. 主要观点

（1）国际贸易的原因在于价格的国际差异。俄林认为，各国之间进行贸易的原因在于同样的商品在各国之间的价格是不同的。在自由贸易的条件下，每个国家都会进口比国内生产更便宜的商品，而将自己价格低廉的商品拿到国际市场上去出售。只要两国之间存在价格差异，必然就会有人在两国之间从事进出口贸易。

（2）价格的国际差异来源于成本的国际差异。成本决定价格，各国生产同一商品的成本不同，必然导致价格的不同，这是（H—O模型）解释贸易发生原因的第一个条件，除此之外还有第二个条件：各国不同的成本比例。

（3）各国不同的成本比例。从表2-1中可以看到，小麦和布的成本比例英国是3：1，美国是1：2。按照李嘉图比较利益原理，如果两国开展贸易，必然是英国出口布进口小麦，而美国出口小麦进口布，通过贸易两国都能获利。而如果两国之间的成本比例相同，即一国两种商品的成本都按统一比例低于另一国，则两国只能发生暂时的贸易。

表2-1　英国与美国不同的成本比例

国家	小麦单位成本（美元）	布单位成本（美元）
英国	3	1
美国	1	2

注：表中内容源于刘好《国际贸易理论与实践创新探究》一书。

两国之间为什么会有不同的成本比例存在？李嘉图并没有就此进行继续探究，而俄林则在此基础上作了进一步思考，他认为成本比例差异的原因就在于：生产要素的不同价格比例。

（4）生产要素的不同价格比例。商品是由各种要素组合在一起生产出来的，要素报酬之和就构成商品的成本，各国商品生产的成本比例实际上就反映了该国各种生产要素的比例关系。如在A国可能劳动要素比较便宜，资本要素比较贵，而在B国资本要素比较便宜，劳动要素比较贵，这样，A国在那些较多地使用劳动、较少地使用资本的商品的生产上，更具有优势，成本会比较低，价格也就更便宜。B国则相反。可见，生产要素价格的差异造成各国生产商品时成本比例的差异。俄林进一步探寻了各国之间要素价格不同的原因。

（5）生产要素不同的供给比例。各国在要素的供给方面是存在巨大差异的，不同国家所拥有的土地、劳动力、资本等各种生产要素的数量、质量和种类是各不相同的，这就构成了各国生产要素价格的基础。如果不考虑需求因素，各国生产要素的供给丰裕程度就决定了其要素的价格。

（6）生产要素不同的需求。除了供给比例，决定生产要素价格的还有需求，即使两个国家的要素供给比例是完全一致的，对这些生产要素的不同需求比例也会导致形成各国不同的要素价格比例。

二、要素禀赋理论的验证和补充

（一）要素禀赋理论的解释和验证

1. "里昂惕夫之谜" 的提出

1951 年，美国著名经济学家里昂惕夫利用美国 1947 年的数据对赫克歇尔—俄林理论进行实证检验。里昂惕夫的检验结果（表 2-2）令人震惊，美国进口替代品的资本密集程度比美国出口商品资本密集程度约高出 30%，这意味着美国进口的是资本密集型商品，出口的反而是劳动密集型商品。其与赫克歇尔—俄林理论的预测完全相反，这就是著名的里昂惕夫之谜。里昂惕夫的发现强烈地刺激人们去广泛和深入探求一种能解释这一结果的理论，产生一系列关于里昂惕夫之谜的有价值的研究。

表 2-2　美国 1947 年每百万美元出口产品和进口替代品的资本和劳动需求

要素	出口	进口替代品进口/出口
资本	2550780 美元	3091339 美元
劳动（年人工）	182	170.004
资本/劳动	14010 美元/年人工	18183 美元/年人工

在上表所列的两类商品的生产过程中，进口替代商品生产中每人年劳动投入的资本装备额为出口商品的 1.3 倍。这个结果清楚地表明，当时美国出口商品的劳动密集程度高于进口替代商品，而进口替代商品的资本密集程度高于出口商品。

第二次世界大战刚刚结束不久的 1947 年，美国经济尚未完全走向正轨，因担心 1947 年官方数据的真实性不足而影响验证结果，里昂惕夫又采用同样的方法，根据 1951 年的数据再次进行验证并发表了题为《要素比例和美国的贸易结构：理论实证再分析》的论文，验证结果同第一次的结论一致。美国作为一个公认的资本要素丰裕型而劳动要素相对稀缺的国家，根据 1951 年的数据，仍是出口劳动密集型产品，进口资本密集型产品。

2. 对 "里昂惕夫之谜" 的解释

（1）劳动熟练说（skilled labor theory）。

劳动熟练说又称人类技能说（human skill theory）、劳动技能说和劳动效率说，最先是里昂惕夫自己提出，后来由美国经济学家基辛（D. B. Keesing）加以发展，用劳动效率和劳动熟练或技能的差异来解释里昂惕夫之谜和影响进出口商品结构的理论。

里昂惕夫认为，"谜"的产生可能是由于美国工人的劳动效率比其他国家工人高。他认为美国工人的劳动生产率大约是其他国家工人的 3 倍。因此，在劳动以效率单位衡量的条件下，美国就成为劳动要素相对丰富、资本要素相对稀缺的国家。但是，一些学者认为里昂惕夫的解释过于武断，一些研究表明实际情况并非如此。例如，美国经济学家克雷宁（Krelnin）经过验证，认为美国工人的效率和欧洲工人相比，最多高出 1.2~2.5 倍。

后来，美国经济学家基辛根据美国 1960 年的人口统计资料，将美国的企业职工区分为熟练劳动和非熟练劳动两大类。熟练劳动包括科学家、工程师、厂长或经理、技术员、制图人员、机械工人、电工、办事员、推销员、其他专业人员和熟练的手工操作工人等；非熟练劳动指不熟练和非熟练工人。他还按照这一分类对 14 个国家的进出口商品结构进行分析，得出的结论是：资本较丰富的国家倾向于出口熟练劳动密集型商品，资本较缺乏的国家倾向于出口非熟练劳动密集型商品。发达国家在生产含有较多熟练劳动的商品方面具有比较优势，而发展中国家在生产含有较少熟练劳动的商品方面具有比较优势。因此，熟练劳动程度的差异是国际分工和国际贸易和发展的重要原因之一。

（2）人力资本说。

人力资本说（human capital theory）是由美国经济学家凯南（P. B. Kenen）等人提出的。他们认为，美国的优势是拥有很多经过大量教育和培训的高素质劳动力，而教育和培训可视为对人力的投资，因此高素质劳动力可以称为人才资本，如果把这部分人力资本加到物质资本上，美国就仍然是出口资本密集型产品，进口劳动密集型产品，里昂惕夫之谜就自然破解。

综合起来看，美国劳动力的受教育程度普遍地高于其他国家，美国的平均工资也高出其他国家。这在相当程度上反映了美国同其他国家相比，在人力资源投资及其回报上的相对差异，进而也证明了美国是一个人力资本要素相对丰裕的国家。美国出口商品中理所当然地包含着相对密集程度较高的人力资本要素。因此，从这个意义上说，将美国出口商品中劳动要素的密集程度相对较高，笼而统之地理解为美国是在出口劳动密集型商品，不符合现实情况，显然是不正确的。

当然，要相对准确地测算人力资本投资的数量的确存在技术上的困难。较为粗略的方法是直接将从事较为复杂劳动的"白领员工"的平均收入同从事较为简单的劳动的"蓝领员工"的平均收入的差额作为人力资本投入的参考指标；较为精细的方法是将实际发生的教育费用、职业培训费用、医疗保健费用、社区服务费用等加以汇总，测算出人力资本投资的约数。无论采取何种测算方法，人力资本在美国的对外贸易中都占有相当重要的地位，已经成为决定美国发挥比较优势，进而决定美国对外贸易结构和商品流向的重要因素。

（3）技术差距说。

技术差距说（theory of technological gap）又称技术间隔说，是美国经济学家波斯纳（M. U. Posner）提出的，经过了格鲁伯（W. Gruber）和弗农（R. Vernon）等人的进一步论证。波斯纳认为，人力资本是过去教育和培训进行投资的结果，因而可以将其作为一种资本或独立的生产要素；而技术是过去对研发进行投资的结果，也可以作为一种资本或独立的生产要素。但是，各国对技术的投资和技术革新的进展不一致，因为存在一定的技术差距。这样就使技术资源相对富裕或者在技术发展中处于领先的国家，有可能享有生产和出口技术密集型产品的比较优势。

然后，格鲁伯和弗农等人对1962年美国19个产业的有关资料进行了统计分析，其中5个具有高度技术水平的产业（运输、电器、工具、化学、机器制造）的销售额占19个产业总销售额的39.1%；5个产业的出口量占19个产业总出口量的72%。这表明美国在上述5个技术密集型产品的生产和出口方面，确实拥有比较优势。因此，可以认为出口科研和技术密集型产品的国家也就是资本要素相对丰裕的国家。按这一标准衡量，美国就是这种国家。技术差距论与赫—俄生产要素禀赋理论是一致的。

（4）自然资源说。

经济学家范尼克认为里昂惕夫在计算时只考虑了劳动和资本两种生产要素，而忽略了自然资源这一要素在国际贸易中的作用。在美国进口的自然资源产品中大部分为其相对稀缺的资源，在对这些资源的加工等过程中又大量地投入资本，故这些产品在美国属于资本密集型产品。这样一看就容易解释美国进口的是资本密集型产品较多的现象。

3. 对要素禀赋理论的验证

"里昂惕夫之谜"一经公布便震动了经济学界，在之后的几十年，经济学家对各个国家的对外贸易是否符合要素禀赋理论进行了广泛的验证。值得一提的是，这些经济学家们进行研究和验证的目的，是将"里昂惕夫之谜"与要素禀赋理论的基本原理重新统一起来，以维护要素禀赋理论的科学性和合理性。

（1）沃尔对加拿大的验证。

1961 年 8 月，加拿大经济学家沃尔（D. F. Wahl）在《加拿大对外贸易的资本和劳动需求》一文中，公布了他对加拿大的对外贸易商品结构及其资本/劳动比率的研究结果。沃尔发现，尽管加拿大同美国相比，明显是一个资本要素相对稀缺、劳动要素相对丰裕的国家，但是，在美加双边贸易中，加拿大出口到美国的商品中资本的密集程度相对较高，而加拿大自美国进口的商品中，劳动要素的密集程度相对较高。

作为英联邦的成员国，加拿大的对外贸易中英国和英联邦国家所占的比重长期维持在四成到五成的水平上。统计资料显示，到第二次世界大战全面爆发前的 1937 年，英国和英联邦国家在加拿大对外贸易中的比重依然分别为进口占 19.2%，出口占 50.7%。第二次世界大战将美国推上了世界第一经济大国的地位，同时也严重削弱了英国的综合国力。战争前后加拿大对外贸易的地域结构变化也恰能说明英、美之间相对实力的改变。到 1949 年，英国和英联邦国家在加拿大进出口贸易中的比重分别下降到了 17.9% 和 33.9%。因为地理和历史的原因，美、加之间历来都呈现紧密的经济联系，美国一直都是加拿大最主要的贸易伙伴。1937 年，加拿大进口贸易的 60.7% 和出口贸易的 36.1% 为美加双边贸易。1949 年，美国在加拿大的进出口贸易中所占比重进一步攀升至 70.7% 和 50.2%。美加双边贸易的验证结果不符合要素禀赋理论的基本原理，而同"里昂惕夫之谜"一致。

沃尔也是要素禀赋理论的支持者，对自己的验证结果，沃尔认为，当时加拿大对外贸易总额的近 65% 都是同美国的双边贸易，在对外贸易上属于对美国市场的严重依赖型，在他验证中出现的这种现象是"反常的"，是一种"特例"，不具有普遍意义，因而不足以据此对要素禀赋的基本原理产生怀疑。

（2）斯托尔帕和罗斯肯普对民主德国的验证。

斯托尔帕和罗斯肯普利用里昂惕夫的投入产出法分析了民主德国对外贸易的商品结构与资本和劳动要素的比例，并于 1961 年 11 月在《牛津大学统计学院院刊》上发表了题为《东德的投入产出表及其在对外贸易中的应用》的论文，公布了他们的验证结果。当时，在整个东欧国家集团中，民主德国工业化程度相对较高，它的资本要素相对丰裕，劳动要素相对稀缺。斯托尔帕和罗斯肯普的验证结果表明，在当时民主德国的出口商品中，资本要素的相对密集程度较高，在进口商品中，劳动要素的相对密集程度较高。在斯托尔帕和罗斯肯普的实证分析中，没有出现"里昂惕夫之谜"那样的"反常现象"。

（3）巴哈德瓦奇对印度的验证。

1962 年 10 月，印度学者巴哈德瓦奇（R. Bharadwaj）发表了《要素比例与印美贸易结构》一文，公布了他对印美双边贸易进行实证分析的结果。印度同美国相比，是资本要素极度稀缺而劳动要素极度丰裕的国家。依照要素禀赋理论，印度应该向美国出口劳动密集型产品，自美国进口资本密集型产品。但是，巴哈德瓦奇在其实证分析中却发现，在印美双边贸易中，印度向美国出口的是资本密集型商品，从美国进口的是劳动密集型商品，又出现了"里昂惕夫之谜"。

巴哈德瓦奇同时又发现，如果考察印度对外贸易的总体状况，印度又符合要素禀赋理论的基本原理，即印度进口商品中资本要素的相对密集程度高于出口商品，或出口商品中劳动要素的相对密集程度高于进口商品。统计资料显示，当年印度出口的大宗商品都是劳动密集型商品。从总体上考察印度的对外贸易，是符合要素禀赋理论的基本原理的。

（4）鲍德温在美国的重新验证。

1971 年 3 月，美国经济学家鲍德温（R. E. Baldwin）发表了题为《美国贸易中商品结构的决定因素》的论文，公布了他采用美国 1962 年的统计资料，对美国对外贸易进行实证分析的结果（表 2-3）。鲍德温采用美国对外贸易新的统计资料，完全按照当年里昂惕夫的方法，重复了里昂惕夫的验证过程。他希望能看到，在第二次世界大战的影响逐渐消失的情况下，作为对外贸易中"特例"的"谜"是否依然存在。鲍德温对美国的对外贸易结构以及出口商品和进口替代商品中每人年劳动要素的资本装备额进行了周密的计算，得出了同里昂惕夫几乎完全一样的结果。1962 年，美国进口替代商品中的资本/劳动比率高于出口商品，前者大约是后者的 1.26 倍，美国是在出口劳动密集型商品，以换取外国资本密集型商品。

表 2-3 美国 1962 年每百万美元出口产品和进口替代品的资本和劳动需求

要素	出口	进口替代品进口/出口
资本	1876000 美元	2132000 美元
劳动（年人工）	131	119
资本/劳动	14320 美元/年人工	17951 美元/年人工

注：表中内容源于刘妤《国际贸易理论与实践创新探究》一书。

（二）要素禀赋理论的补充与扩展

自 20 世纪 40 年代以来，众多经济学家，如萨缪尔森（P. A. Samuelson）、斯托尔帕（W. F. Stolper）等人都在赫克歇尔和俄林的基础上进行了大量的理论研究，丰富和发展了要素禀赋理论。其中尤以保罗·萨缪尔森的论文《国际贸易与要素价格均等化》和

《再论国际要素价格均等化》最有影响力。萨缪尔森运用数学模型和计量经济学的量化分析方法对要素禀赋理论的基本原理，尤其是对要素均等化问题进行了论证。

1. 斯托尔帕—萨缪尔森定理

沃尔夫冈·斯托尔帕和保罗·萨缪尔森在 1941 年合作发表的《实际工资和保护主义》一文中，提出了斯托尔帕—萨缪尔森定理（The Stolper—Samuelson Theorem）。斯托尔帕—萨缪尔森定理描述的是两种产品相对价格的变化对两种要素实际回报率的影响。

斯托尔帕—萨缪尔森定理认为，自由贸易不利于相对稀缺的生产要素所有者，本国进口行业总是希望通过关税等贸易保护措施提高进口商品的价格，从而减少竞争，提高本国同类产品价格和稀缺要素所有者的报酬。斯托尔帕—萨缪尔森定理进一步认为，在一国国内要素自由流动条件下，该国对使用相对稀缺要素的生产部门进行关税保护，可以明显提高稀缺要素拥有者的收入。

斯托尔帕—萨缪尔森定理说明了自由贸易带给同一国家、不同要素价格的短期影响，而要素均等化命题则反映了自由贸易带给不同国家同种要素价格的长期影响。

2. 要素均等化定理（H—O—S 定理）

要素价格均等化定理描述的是自由贸易带来的两国生产要素价格的趋同。由于这一定理是从赫克歇尔—俄林模型中得出的结论，所以又称赫克歇尔—俄林—萨缪尔森定理（H—O—S 定理）。

要素均等化理论认为，在开放经济中，国家之间因生产要素自然禀赋不同而引起的生产要素价格差异将通过两条途径而逐步缩小，即要素价格将趋于均等。从生产要素的国际移动来看，由于各国工资、利率等方面的差异，导致劳动力、资本等要素在国家之间流动，使得工资与利率在国际范围内趋同。土地无法在国际范围内流动，但是可以通过土地密集型产品的输出进行国际流动。因此要素价格均等化是通过商品的国际贸易来实现的。

贸易前，由于两国要素之间的差异，所以两国的要素价格的不一致导致了两国商品相对价格比率的不同。但贸易开始后，两国商品的相对价格的差异会不断缩小，并最终达到均等。不仅如此，要素的价格也会趋向均等。

3. 雷布津斯基定理

塔德乌什·雷布津斯基（Tadeusz Rybczynski）为英籍波兰经济学家。1955 年，雷布津斯基在其发表的《要素禀赋与相对要素价格》的文章中，对生产要素的增长与国际贸易的关系进行了创建性的讨论，并提出了雷布津斯基命题。雷布津斯基命题描述的是要素供给量变化对产品产量的影响。在一国生产多元化的情况下，如果产品价格给定，那么一种要素供给量的提高，会导致生产中密集使用该要素的产品的产量上升，另外一种产品的产量下降。

雷布津斯基定理表明：生产可进口商品之要素的增加，将会减少对进口商品的需求，从而使其贸易条件得到改善；而生产出口商品所需的生产要素的增加，将会增加出口商品的供给，从而导致其贸易条件恶化。关于这一点对出口导向型企业显得尤为重要。在增加出口的同时，更要关注可能对贸易条件产生的负面影响，要做到趋利避害。

根据雷布津斯基定理，促使经济增长的资本存量的增加总是比劳动力的增加更快，因此，劳动密集型产业将会逐渐收缩，资本密集型产业将会不断扩大，出口也会相应增加。发达国家的经济增长与贸易格局基本上证明了这一点。

4. 赫克歇尔—俄林—维纳克定理（H—O—V 定理）

赫克歇尔—俄林—维纳克定理（H—O—V 定理）可以表述为：在自由贸易条件下，每个国家都会出口其充裕性生产要素，进口其稀缺性生产要素。H—O—V 定理是 H—O 定理的延伸，该理论认为，商品贸易背后的本质，是生产该商品所使用的生产要素的贸易。一个国家向另一个国家出口某一商品，可以视为对外国出口该商品所使用的资本、劳动力和土地等生产要素；一个国家从另一个国家进口某一商品，可以视为从外国进口该商品所使用的资本、劳动力和土地等生产要素。相对于生产要素的直接贸易，商品贸易可视为生产要素的间接贸易。根据 H—O 模型，一个国家进口密集使用其稀缺性要素的产品，出口密集使用其充裕性要素的产品。因此，本质上就是进口其稀缺性要素，出口其充裕性要素。

第三节　现代国际贸易理论

一、技术差距理论

技术差距理论（technological gap theory）又称创新与模仿理论（innovation and imitation theory），由波斯纳（M. A. Posner）首创，他于 1961 年在《国际贸易和技术变化》一文中提出了这一理论。

在赫克歇尔—俄林要素禀赋的模型中，如果两国具有相同的要素禀赋条件和相同的需求条件，那么两国在贸易前就具有相同的要素价格比例，从而使两国无法开展贸易。对此，波斯纳技术差距理论认为，技术进步或技术创新意味着一定的要素投入量可以生产出更多的产品，这样技术进步会对各国生产要素禀赋的比率产生影响，从而影响各国产品的比较优势，对贸易格局的变动产生作用。因而，技术差距也是国家之间开展贸易的一个重要原因，一国的技术优势使其在获得出口市场方面占优势，当一国创新某种产品成功后，在国外掌握该项技术之前产生了技术领先差距，可出口技术领先产品。但因新技术会随着专利权转让、技术合作、对外投资、国际贸易等途径流传至国外，当一国创新的技术为外国所模仿时，外国即可自行生产而减少进口，创新国渐渐失去该产品的出口市场，因技术差距而产生的国际贸易逐渐缩小。随着时间的推移，新技术最终将被技术模仿国掌握，使技术差距消失，贸易即持续到技术模仿国能生产出满足其对该产品的全部需求为止。

波斯纳把技术差距产生到技术差距引起的国际贸易终止之间的时间间隔称为模仿滞后（imitation lag）时期，全期又分为反应滞后（reaction lag）和掌握滞后（mastery lag）两个阶段，其中，反应滞后阶段初期为需求滞后（demand lag）阶段。反应滞后是指技术创新国家开始生产新产品到其他国家模仿其技术开始生产新产品的时间。掌握滞后是指其他国家开始生产新产品到其新产品进口为零的时间。需求滞后则是指技术创新国开始生产新产品到开始出口新产品之间的时间间隔。反应滞后期的长短主要取决于企业家的决定意识和规模利益、关税、运输成本、国外市场容量及居民收入水平高低等因素。如果技术创新国家在扩大新产品生产中能获得较多的规模利益，运输成本较低，进口国关税税率较低，进口国国家的市场容量差距及居民收入水平差距较小，就有利于保持出口优势，延长反应滞后阶段；否则，这种优势就容易失去，反应滞后阶段将缩短。掌握滞后阶段的长度主要取决于技术模仿国吸收新技术能力的大小，吸收新技术能力大的间隔时间较短。需求滞后的长度则主要取决于两国的收入水平差距和市场容量差距，差距越小长度越短。

技术差距理论从技术创新出发，论述了产品贸易优势在创新国和追随国之间的动态转移，这是富有创新意义的，而且也为研究一个具体产品创新过程的产品周期理论提供了坚实的基础。但技术差距理论只是解释了差距为何会消失，而无法充分说明贸易量的变动与贸易结构的改变。

二、产品生命周期理论

(一) 产品生命周期理论的形成

20世纪60年代以来，国际贸易的发展十分迅速，跨国投资的现象也日益普遍，但国际贸易和国际投资的分析是割裂的，对国际贸易的理论解释还主要是比较优势理论和要素禀赋理论。当时美国哈佛大学跨国公司研究中心教授雷蒙德·弗农（Raymond Vernon）认为，传统的贸易理论脱离现实，从理论上已难以有力地解释各种形式的国际贸易活动。而解释国际直接投资的理论，则是海默的垄断优势理论，这一理论也仅仅从静态的角度解释国际直接投资，无法解释处于动态中的国际直接投资的过程，当时确实需要一种同时能解释国际贸易和国际直接投资行为的理论。

产品生命周期理论（the theory of the product life cycle）是雷蒙德·弗农1966年在其《产品周期中的国际投资与国际贸易》一文中首次提出的，是指一种产品在市场销售中的兴与衰，即从推出新产品到广泛流行，再到退出市场的全过程。拥有知识资产优势、具有新产品创新能力的企业，总是力图维持企业的技术优势地位，以便享有新产品创新利益。但是，新技术不可能被长期垄断，有些产品制造技术在相当短的时间内就会被仿制。

该理论在垄断优势理论的基础上，将垄断优势、产品生命周期和区位因素结合起来解释直接投资的动机、时机和区位的选择。弗农十分重视创新的时机、规模经济、新产品开发中的知识积累和一些不稳定因素的重要性，并以此为变量来分析国际直接投资的行为，以反映国际投资的动态过程。弗农把美国企业对外投资的变动与产品生命周期联系起来，从产品技术垄断的角度分析了国际直接投资产生的原因，认为产品生命周期的发展规律决定了企业为占领国外市场而须进行的投资。

此后许多经济学家，如威尔斯（Louise T. Wells）、赫希什（Hirsch）等人不断发展、完善该理论。该理论从产品生产的技术变化出发，分析了产品生命周期各阶段的循环及其对国际贸易的影响。显然，产品生命周期理论是对技术差距理论的进一步完善和深化。

(二) 产品生命周期理论的主要内容

弗农假设把参与国际贸易的国家分为三类：第一类是技术创新国，如美国等，它们是技术、知识与资本充裕型国家；第二类是技术模仿国，如日本、西欧等，它们是资本充裕型国家；第三类是广大发展中国家，它们是劳动力充裕型国家。

1. 产品生命周期理论的三阶段模型

弗农认为一个新产品的技术发展大致经历创新阶段、成熟阶段和标准化三个阶段，各个阶段的特点不同对国际贸易的影响也不同。

第一阶段是创新阶段。弗农认为新产品最初总是出现在最发达国家。这是因为在这些发达国家，良好的教育条件与雄厚的科技力量可以充分提供企业创造发明所需的人力资源和科研条件。完备的知识产权保护体系和旨在鼓励创造发明的税收结构与产权制度为产品研究与开发提供了宽松的外部环境，且富有创新进取精神的企业家对新机会有把握和利用能力；同时，由于新产品具有需求价格的弹性较低、收入弹性较高的特点，发达国家的社会要素积累与较高的社会购买力，足以从供给和需求两方面为新产品的生产提供技术与经济上的支持。

第二阶段是成熟阶段。在这一阶段，技术已成熟，产品已定型，生产规模不断扩大，国外的需求也在增加。这个时期，发达国家在向本国消费者提供该种产品的同时，还将产品大量出口到对其产生需求的外围国家，或者给国外生产者出售生产许可证，或在国外设分厂生产并销售该产品。

第三阶段是标准化阶段。在这一阶段，生产技术和产品本身都已经标准化，即不仅在发达国家已告普及，而且已扩展到发展中国家，技术本身的重要性已逐渐消失。此时，新产品的要素密集型已发生变化，即从知识与技术密集型产品转变为资本与非熟练劳动要素密集型产品，产品也已转移到生产成本相对较低的外围国家去生产。随着生产过程的向外转移，贸易的方向也会颠倒过来，即原来出口该新产品的发达国家，将成为该产品的进口国。

2. 产品生命周期理论的四阶段模型

弗农等人提出产品生命周期理论主要是为了解释美国工业制成品生产和出口变化情况。新产品从上市开始，会经历诞生、发展、衰退、消亡的过程。弗农把这一经验事实概括为四个连续的阶段：新产品导入期、产品增长期、产品成熟期和产品衰退期，这就是产品生命周期的四个时期。弗农也根据这四个阶段具体分析跨国企业如何根据产品生产条件和竞争条件而做出对外直接投资决策。

在产品导入期，新产品刚刚进入市场在创新企业所在国家及其他发达国家里产生逐渐增加的需求。这一时期，创新企业占据着技术垄断的地位。从产品要素密集性质来看，在新产品时期需要投入大量的研究和开发费用，表现为知识密集型。

在产品增长期，产品销售量上升，利润迅速增加，外国生产者开始仿制这种新产品，出现垄断竞争局面，尚未构成对创新企业的威胁。在产品成熟期，知识技术投入减少，资本和管理要素投入增加，高级熟练劳动投入越来越重要，表现为资本密集型。

在产品成熟期，新技术开始定型，其他厂商可通过各种技术传播途径较容易地获得产品技术知识，并能生产出异质商品，这使原来的创新企业失去垄断优势地位。

在产品衰退期，新产品成为标准化产品，知识技术投入更少，更多的厂商进入新产品市场，技术在生产中的重要性降低，成本在竞争中占主要地位，厂商之间展开激烈竞争，最初的创新企业优势完全丧失，资本投入要素虽然很重要，但非熟练劳动投入大幅度增加，在生产中的作用迅速上升，表现为劳动密集型产业。

根据产品生命周期理论，国际直接投资的产生是产品生命周期四阶段更迭的必然结果，其生产将依次在技术创新国、技术模仿国、发展中国家三类国家之间转移，转移过程如下：

在第一阶段产品导入期，新产品在发达国家的创新企业产生并开始逐渐进入大规模生产。新产品试制阶段，公司为了保证研制新产品的材料供应和收集消费者对新产品的意见，需要在国内建立起一个根据地，因此，新产品始终在国内生产。这一时期产品主要满足本国市场的需求，销售量不断上升，只有少量的产品出口到较发达的国家。这一阶段由于创新企业拥有技术垄断优势，因此缺乏强有力的竞争对手，基本控制市场份额，而且技术密集型的新产品在国内生产更有利。所以在这一阶段生产并未发生转移，国际直接投资也未发生。当公司开发新产品后，当地厂商将会仿制这种新产品，并进行产品的改进，以争夺销售市场。同样地，外国厂商在一段时滞后也会陆续对新产品进行仿制。专利权、技术封锁等只能延缓而不能阻止这一仿制过程。开发新产品的公司所拥有的垄断性有时会随着时间的推移而丧失，它将不得不因此而改变竞争策略，考虑对外直接投资。

从第二阶段产品增长期开始，出现了由寡占竞争引起的对外直接投资。这时，较发达国家的竞争厂商开始仿制创新企业的新产品，这些国家政府也可能采取限制进口的政策，以支持本国企业发展新产品，替代进口。其他跨国企业也开始进入市场。这一时期，创新企业为维持国外市场份额就要绕过贸易壁垒，在东道国设立子公司，在当地生产、当地销售，进行对外直接投资。由于技术垄断局面被完全打破，创新企业也可能以有限扩散技术方式（许可证方式）获取收益。新产品产业形成垄断竞争。这一时期，发达国家出口和较发达国家进口开始减少，厂商转向对发展中国家出口产品。在各竞争对手普遍仿制并形成激烈竞争的市场之后，产品就进入成熟阶段。在成熟阶段，竞争的关键在于生产成本的高低，最早开发新产品的公司将不得不通过将产品生产地转移到生产成本更低的国家的办法增强竞争力。

在第三阶段产品成熟期，较发达国家越来越多地仿制，在发展中国家发生较发达国家在前一阶段已经历过的过程。这一阶段发达国家和较发达国家厂商都开始向发展中国家进行直接投资，发展中国家由此获得生产这种产品的能力，从而净进口量开始减少。在成熟期中，有的弱势产品应该放弃，以节省费用开发新产品，但是同时也要注意到原来的产品可能还有其发展潜力，有的产品就是由于开发了新用途或者新的功能而重新进入新的生命周期的。因此，企业不应该忽略或者仅仅是消极地防卫产品的衰退。有效的攻击往往是最佳的防卫。企业应该有系统地考虑市场、产品及营销组合的修正策略。

到了第四阶段产品衰退期，由于技术垄断优势的完全丧失，产品的生产成为一种标准化生产，降低劳动成本成为第一要旨。因此，该时期该产品的生产完全转移到发展中国家进行，发达国家和较发达国家有限的产品需求主要通过从发展中国家进口得以满足。当商品进入衰退期时，企业不能简单地一弃了之，也不应该恋恋不舍，一味维持原有的生产和销售规模。企业必须研究商品在市场的真实地位，然后决定是继续经营下去，还是放弃经营。

（三）产品生命周期理论的评述

1. 产品生命周期理论的积极意义

产品生命周期理论在研究方法上突破了传统贸易理论短期静态分析的束缚，是一种典型的动态化的国际贸易理论。它揭示了任何产品都和生物有机体一样，有一个诞生—成长—成熟—衰亡的过程，不断创新，开发新产品。借助产品生命周期理论，可以分析判断产品处于生命周期的哪一阶段，推测产品今后发展的趋势，它引导人们通过产品的生命周期，了解和掌握出口的动态变化，为正确制定对外贸易的产品战略、市场战略提供了理论依据。

产品生命周期理论并没有排斥传统的国际贸易理论，而是对传统贸易理论的全面继承和发展。它是比较成本优势、比较技术优势、比较规模优势、生产区位变化、生产需求格局的形成和演变等多因素的综合。它揭示出比较优势是不断在转移的。每一国在进行产品创新、模仿引进、扩大生产时，都要把握时机。而进行跨国经营，就可以利用不同阶段的有利条件，长久保持比较优势。

产品生命周期理论还反映出当代国际竞争的特点，即创新能力、模仿能力，是获得企业生存能力和优越地位的重要因素。该理论侧重从技术创新、技术进步和技术传播的角度来分析国际贸易产生的基础，将国际贸易中的比较利益动态化，研究产品出口优势在不同国家之间的传导，大大扩展和丰富了传统贸易理论。

2. 产品生命周期理论的不足之处

该理论对贸易格局的变化情况解释能力较强，但是，对贸易收益的分配问题解释能力不足；该理论虽然与许多产业的历史经验相符合，但是，它并不适用所有的工业行业或工业产品；现实中技术变革可能会延长、缩短或中止某产品的生命周期，如新技术发生飞跃性变化将导致产品更新换代；新产业在国际上的转移扩散不是无条件的，它需要一系列的社会经济环境条件才能实现。

三、产业内贸易理论

产业内贸易理论（intra - Industry trade theory）又称差异化产品理论（differentiated product theory），是解释产业内同类产品贸易增长特点和原因的理论。

（一）产业内贸易理论的发展

产业内贸易理论是 20 世纪 60 年代以来在西方国际贸易理论中产生和发展起来的一种解释国际贸易分工格局的理论，其发展可以分为两个阶段：一是对统计现象进行直观推断解释，主要是在 20 世纪 70 年代中期以前的经验性研究；二是 20 世纪 70 年代中期以后对统计资料进行理论解释。

20 世纪 70 年代中期以前，经济学家佛丹恩（Vordoorn）、迈凯利（Michaely）、巴拉萨（Bela Balassa）和考基玛（Kojima）对产业内贸易作了大量的经验性研究。佛丹恩对比荷、卢经济同盟的集团内贸易格局变化的统计分析表明：与集团内贸易相关的生产专业化形成于同种贸易类型之内，而不是在异种贸易类型之间，而且交易的产品具有较大的异质性。迈凯利对 36 个国家五大类商品的进出口差异指数的计算结果说明：高收入国家的进出口商品的结构呈现明显的相似性，而大多数发展中国家则相反。巴拉萨对原欧共体贸易商品结构的研究表明，欧共体制成品贸易的增长大部分是产业内贸易。考基玛对发达国家之间的贸易格局的研究发现：高度发达的、类似的工业国之间横向制成品贸易增长迅速。

在上述经验检验的基础上，20 世纪 70 年代中期，以格鲁贝尔（H. G. Grubel）、劳尔德（P. Loyld）、格雷（Gray）、戴维斯（Davis）、克鲁格曼（R. Krugman）、兰卡斯特（Lancaster）等人为代表的一大批经济学家对产业内贸易现象作了开创性、系统性的研究，使产业内贸易理论发展从经验性检验进入理论性研究的阶段。他们认为，从当代国际贸易产品结构来看，大致可以分为产业间贸易与产业内贸易两大类。前者是指一国进口与出口的产品属于不同的产业部门，而后者则指一国既出口同时又进口某种或某些同类产品。例如，美国和日本相互进口对方的电脑，德国与法国相互进口对方的汽车，意大利和德国相互进口对方的打字机等就属于产业内贸易。

20 世纪 70 年代中期以后，在对产业内贸易的理论性研究不断深化的同时，对产业内贸易的经验性研究也步步深入。这一阶段的经验性研究已从 20 世纪 70 年代中期以前主要研究地区经济集团形成而导致专业化格局变化转向主要致力于研究产业内贸易的程度和趋势，以及在不同类型国家、不同产业中的发展状况及原因。

（二）产业内贸易的理论解释

产业内贸易是相对于产业间贸易（inter-Industry trade）不同产业之间完全不同产品的交换而言的。当今世界，两种类型的国际贸易均有发生。

产业间贸易发生的基础和原因是各个国家要素禀赋的差异引起的比较成本差异。国家间的要素禀赋差异越大，产业间贸易量就越大。但国际贸易中的产业内贸易现象显然无法用传统的贸易理论来解释，因为传统贸易理论有两个重要的假定：一是假定生产各种产品需要不同密度的要素，而各国所拥有的生产要素禀赋是不同的，因此贸易结构、流向和比较优势是由各国不同的要素禀赋来决定的；二是假定市场竞争是完全的，在一个特定产业内的企业，生产同样的产品，拥有相似的生产条件。而这些假定与现实相差甚远。

产业内贸易形成的原因及主要制约因素涉及面比较广，经济学家主要是从产品差异性、规模报酬递增理论及偏好相似的角度对产业内贸易现象进行了理论说明。

1. 同类产品的异质性

在每一个产业部门内部，由于产品的质量、性能、规格、牌号、设计、装潢等的不同，每种产品在其中每一方面都有细微差别，从而形成无数种差别的产品系列，如混凝土就有几百个品种。受财力、物力、人力、市场等要素的制约，任何一个国家都不可能在具有比较优势的部门生产所有的差别化产品，而必须有所取舍，着眼于某些差别化产品的专业化生产，以获取规模经济利益。因此，每一个产业内部的系列产品常产自不同的国家。

而消费的多样化造成的市场需求多样化，使各国对同种产品产生相互需求，从而产生贸易。例如，欧共体（现欧盟）建立以后，共同体内部贸易迅速扩大，各厂商得以专业化生产少数几种差异化产品，使单位成本大大下降，成员国之间的差异产品交换随之大量增加。

与产业内差异产品贸易有关的是产品零部件的贸易的增长。为了降低成本，一种产品的不同部分往往通过国际经济合作形式在不同国家生产，追求多国籍化的比较优势。

2. 规模经济或规模报酬递增与不完全竞争

产业内贸易的根本原因是为了利用规模经济。由于国际上企业之间的竞争非常激烈，为了降低成本，获得比较优势，工业化国家的企业往往会选择某些产业中的一种或几种产品，而不是全部产品。

对企业而言，规模经济有外部的和内部的。前者不一定带来市场不完全竞争（imperfect competition），后者则将导致不完全竞争，如垄断性竞争（monopolistic competition）、寡占（oligopoly）或独占（monopoly）。这是因为国际贸易开展以后，厂商面对更大的市场，生产规模可以扩大，规模经济使扩大生产规模的厂商的生产成本、产品价格下降，生产相同产品的规模不变的其他国内外厂商因此被淘汰。因此，在存在规模经济的某一产业部门内，各国将各自专业生产该产业部门的某些差异产品再相互交换（即开展产业内贸易），以满足彼此的多样化的需求。

国家间的要素禀赋越相似，越可能生产更多相同类型的产品，因而它们之间的产业内贸易量将越大。例如，发达国家之间的要素禀赋和技术越来越相似，它们之间的产业内贸易相对于产业间贸易日益重要。

3. 经济发展水平

经济发展水平越高，产业内异质性产品的生产规模就越大，产业部门内部分工就越发达，从而形成异质性产品的供给市场。同时，经济发展水平越高，生产水平也就越高，而较高的收入水平使人们的消费模式呈现出多样化的特点，而需求的多样化又带来对异质性产品需求的扩大，从而形成异质性产品的需求市场。在对异质性产品的供给市场和需求市场的推动下，经济发展水平比较高的国家出现了较大规模的产业内贸易。

（三）产业内贸易的特点

为了分析的方便，现假设世界上只有 A、B 两个国家，其中 A 国为劳动密集型国家，

B 国为资本密集型国家，两国都共同拥有两种生产要素和资本；并假定有两个产业——X 和 Y，其中 X 为劳动密集型产业，而 Y 为资本密集型产业。

X 和 Y 的贸易中，比较优势是贸易的主要动因。贸易模式是资本丰裕的 B 国成为资本密集型产品 Y 的净出口国和劳动密集型产品 X 的净进口国。

假设 Y 是一个具有异质性的产业，那么，由于规模经济的存在，该产业会形成垄断竞争的市场结构。本国和外国的生产厂商将生产具有异质性的资本密集型产品 Y。虽然 B 国仍然是资本密集型产品 Y 的净出口国，但由于 A 国厂商生产的商品与 B 国生产的商品具有不同之处，而 B 国又不可能生产每一种消费者偏好的产品，从而导致在 Y 内部形成产业内贸易。这样通过产业内贸易，实现了生产的规模经济并满足了消费者的多样需求。这种 Y 内部之间产业内贸易并不反映比较优势。即使两国具有相同的资本/劳动比率，各国的厂商仍然会充分利用规模经济来生产差异性的产品，因而规模经济本身也成了影响国际贸易模式的一个要素或因子。

通过与产业间贸易模式的比较，我们可以发现产业内贸易模式具有以下四个特点。

第一，根据要素禀赋理论，产业间贸易是建立在国家之间要素禀赋差异产生的比较优势之上，而产业内贸易则是以产品的异质性和规模经济为基础。因此，国家间的要素禀赋差异越大，产业间贸易的机会就越大；国家之间的要素禀赋差异越相似，经济发展水平越接近，产业内贸易发生的可能性就越大。产业间贸易反映的是自然形成的比较优势，而产业内贸易反映的是获得性的比较优势。

第二，产业间贸易的流向可以凭借贸易前同种商品的价格差来确定，而产业内贸易则不可以简单地凭贸易前同种商品的价格差来确定贸易模式。因为在产业内贸易发生之前，价格是由于规模不同造成的，一个大国可能由于国内市场容量大而生产成本较低。但发生产业内贸易之后，各国都以世界市场作为自己的市场，因而无论是大国还是小国，所有国家利用规模经济降低成本的机会是相同的，所以很难事先预测哪个国家将生产哪一种商品。

第三，按照要素禀赋理论，产业间贸易会提高本国丰裕要素的报酬而降低本国稀缺要素的报酬，而产业内贸易是以规模经济为基础的，所有的要素都可能从中受益。这可以用来解释欧盟的形成和战后制成品的贸易开放都没有遭到利益集团的阻挠，而发达国家向新兴发展中国家的开放却受到了来自劳工力量的强烈反对。其主要原因是后一种贸易模式是产业间贸易而不是产业内贸易，这会引起工业化国家某些产业的完全崩溃和大批劳动者的失业。

第四，产业间贸易是由各国要素禀赋之间存在的差异引起的，要素的流动在一定程度上是贸易的一种替代品。但是在一个以产业间贸易为主的世界里，要素流动带来了作为产业内贸易载体的跨国公司的兴起，从这点上看，产业内贸易与要素流动之间存在着一定的互补关系。

四、国家竞争优势理论

（一）国家竞争优势理论的形成

国家竞争优势，又称"国家竞争优势钻石理论"或"钻石理论"。由哈佛大学商学院教授迈克尔·波特（Michael E. Porter）在其代表作《国家竞争优势》（*The Competitive Advantage of Nations*）中提出，属于国际贸易理论之一。国家竞争优势理论既是基于国家的理论，也是基于公司的理论。国家竞争优势理论试图解释如何才能造就并保持可持续的相对优势。

波特在《国家竞争优势》一书中，在继承发展传统的比较优势理论的基础上提出了独树一帜的"国家竞争优势"理论，为贸易理论的发展做出了巨大的贡献。该理论着重讨论了特定国家的企业在国际竞争中赢得优势地位的各种条件。它给出的启示是在开放型经济背景下，一国产业结构状况并不是一成不变的，各国产业发展具有很强的能动性和可选择性，固有的比较优势不应成为谋求增强国际竞争优势的障碍。

（二）国家竞争优势理论的主要内容

竞争优势理论的中心思想是：一个国家的竞争优势，就是企业、行业的竞争优势，也就是生产力发展水平的优势。波特认为，一国兴衰的根本原因在于能否在国际市场上取得竞争优势，竞争优势形成的关键在于能否使主导产业具有优势，优势产业的建立有赖于提高生产效率，提高生产效率的源泉在于企业是否具有创新机制。为此，波特提出了"国家竞争优势四基本因素、两辅助因素模型"。国家竞争优势的获得取决于四个基本因素和两个辅助因素的整合作用。

该模型又可称为"波特机制"或"钻石体系"或"钻石模型"。这些因素的每一个都可单独发生作用，但又同时对其他因素产生影响。各个因素结合成一个有机体系，其共同作用决定着国家的竞争优势。

1. 关于生产要素

波特将生产要素划分为初级生产要素和高级生产要素，初级生产要素是指天然资源、气候、地理位置、非技术工人、资金等，高级生产要素则是指现代通信、信息、交通等基础设施，受过高等教育的人力、研究机构等。波特认为，初级生产要素重要性越来越低，因为对它的需求在减少，而跨国公司可以通过全球的市场网络来取得（当然初级生产要素对农业和以天然产品为主的产业还是非常重要的）。高级生产要素对获得竞争优势具有不容置疑的重要性。高级生产要素需要先在人力和资本上大量和持续地投资，而作为培养高级生产要素的研究所和教育计划，本身就需要高级人才。高级生产要素很难从外部获得，必须自己来投资创造。

从另一个角度，生产要素被分为一般生产要素和专业生产要素。高级专业人才、专业研究机构、专用的软硬件设施等被归入专业生产要素。越是精致的产业越需要专业生产要素，而拥有专业生产要素的企业也会产生更加强大的竞争优势。

一个国家如果想通过生产要素建立起产业强大而又持久的优势，就必须发展高级生产要素和专业生产要素，这两类生产要素的可获得性与精致程度也决定了竞争优势的质量。如果国家把竞争优势建立在初级与一般生产要素的基础上，它通常是不稳定的。

波特同时指出：在实际竞争中，一方面，丰富的资源或廉价的成本因素往往造成没有效率的资源配置；另一方面，人工短缺、资源不足、地理气候条件恶劣等不利因素，反而会形成一股刺激产业创新的压力，促进企业竞争优势的持久升级。一个国家的竞争优势其实可以从不利的生产要素中形成。

根据推测，资源丰富和劳动力便宜的国家应该发展劳动密集型的产业，但是这类产业对大幅度提高国民收入不会有大的突破，同时仅仅依赖初级生产要素是无法获得全球竞争力的。

2. 国内需求市场

国内需求市场是产业发展的动力。国内市场与国际市场的不同之处在于企业可以及时发现国内市场的客户需求，这是国外竞争对手所不及的，因此波特认为全球性的竞争并没有降低国内市场的重要性。

波特指出，本地客户非常重要，特别是内行而挑剔的客户。假如本地客户对产品、服务的要求或挑剔程度在国际上数一数二，就会激发出该国企业的竞争优势。这个道理很简单，如果能满足最难缠的顾客，其他的客户要求就不在话下。如日本消费者在汽车消费上的挑剔是全球出名的，欧洲严格的环保要求也使许多欧洲公司的汽车环保性能、节能性能全球一流。美国人大大咧咧的消费作风惯坏了汽车工业，致使美国汽车工业在石油危机的打击面前久久缓不过神来。

另一个重要方面是预期性需求。如果本地的顾客需求领先于其他国家，这也可以成为本地企业的一种优势，因为先进的产品需要前卫的需求来支持。德国高速公路没有限速，当地汽车工业就非常卖力地满足驾驶人对高速的狂热追求，而超过200千米乃至300千米的时速在其他国家毫无实际意义。有时国家政策会影响预期性需求，如汽车的环保和安全法规、节能法规、税费政策等。

3. 相关和支持产业

对形成国家竞争优势而言，相关和支持产业与优势产业是一种休戚与共的关系。波特的研究提醒人们注意"产业集群"这种现象，就是一个优势产业不是单独存在的，它一定是同国内相关强势产业一同崛起。以德国印刷机行业为例，德国印刷机雄霸全球，离不开德国造纸业、油墨业、制版业、机械制造业的强势。美国、德国、日本汽车工业的竞争优势也离不开钢铁、机械、化工、零部件等行业的支持。有的经济学家指出，发展中国家往往采用集中资源配置，优先发展某一产业的政策，孤军深入的结果就是牺牲了其他行业，钟爱的产业也无法一枝独秀。

本国供应商是产业创新和升级过程中不可缺少的一环，这也是它最大的优点所在，因为产业要形成竞争优势，就不能缺少世界一流的供应商，也不能缺少上下游产业的密切合作关系。另外，有竞争力的本国产业通常会带动相关产业的竞争力。

波特指出，即使下游产业不在国际上竞争，但只要上游供应商具有国际竞争优势，对整个产业的影响仍然是正面的。

4. 企业战略、结构和同业竞争

波特指出，推进企业走向国际化竞争的动力很重要。这种动力可能来自国际需求的拉力，也可能来自本地竞争者的压力或市场的推力。创造与维持产业竞争优势的最大关联因素是国内市场强有力的竞争对手。波特认为，这一点与许多传统的观念相矛盾，例如，一般认为，国内竞争太激烈，资源会过度消耗，妨碍规模经济的建立；最佳的国内市场状态是有两到三家企业独大，用规模经济和外商抗衡，并促进内部运作的效率化；还有的观念认为，国际型产业并不需要国内市场的对手。波特指出，在其研究的十个国家中，强有力的国内竞争对手普遍存在于具有国际竞争力的产业中。在国际竞争中，成功的产业必然先经过国内市场的搏斗，迫使其进行改进和创新，海外市场则是竞争力的延伸。而在政府的保护和补贴下，放眼国内没有竞争对手的"超级明星企业"通常并不具有国际竞争能力。

5. 机会

机会是可遇而不可求的，机会可以影响四大要素发生变化。波特指出，对企业发展而言，形成机会的可能情况大致有几种：基础科技的发明创造、传统技术出现断层、外因导致生产成本突然提高（如石油危机）、金融市场或汇率的重大变化、市场需求的剧增、政府的重大决策、战争。机会其实是双向的，它往往在新的竞争者获得优势的同时，使原有的竞争者优势丧失，只有能满足新需求的厂商才能有发展"机遇"。

（三）对国家竞争优势理论的评价

1. 国家竞争优势理论的贡献

国家竞争优势理论是当代国际经济学理论的重大发展。国家竞争优势理论弥补了其他国际贸易理论的不足，提出了国际竞争优势应该是国际贸易理论的核心，一国国际竞争优势的建立才能获得持久的比较利益。同时，该理论发展了传统贸易理论对于在要素基础上形成优势的静态观点，突破了就单项因素或其简单组合为出发点来展开理论分析的不足。

国家竞争优势理论在当代国际分工中也具有重要的现实意义。伴随着当今经济的一体化到全球化，国际分工日益深入，国际竞争日益激烈，在这种竞争中，任何一个国家不再可能依靠基于禀赋条件的比较优势赢得有利的国际分工地位，而只能通过竞争优势扶持和培育，这对发展中国家竞争优势的发展无疑具有积极的指导意义。

总之，国家竞争优势理论超越了传统理论对国家优势地位形成的片面认识，首次从多角度、多层次阐明了国家竞争优势的确定内涵，指出国家优势形成的根本原因在于竞争，在于优势产业的确定。从这个意义上说，国家竞争优势理论摆脱了传统理论的孤立性、片面性，建立了国家竞争优势的概念体系和理论框架。

2. 国家竞争优势理论的局限

在产业的选择上，竞争优势中的产业选择是基于已经存在的产业而言的，是对已结构化或未完全结构化产业进行的选择，这样使企业在所选择的产业中取得领先地位是相当困难的。在一个已结构化的产业中，企业生存发展的空间十分有限。因为产业结构化程度越高，产业内的竞争强度就越大，企业选择的余地（即竞争空间）就越小，且边际产出递减。

波特的竞争优势理论尽管研究的角度新、理论框架较为完整，但都集中在探讨成本、质量、顾客服务、营销等竞争优势上，而对为什么有些企业能不断开创新局面而有些企业却停滞不前的问题反而忽略了。

波特的竞争优势理论过多地强调了企业和市场的作用，而对政府在当代国际贸易中所扮演的角色的重要性认识不足，仅把政府的作用作为一个辅助的因素。

五、偏好相似理论

偏好相似理论（theory of preference similarity）又称需求相似理论，是著名瑞典经济学家林德（S. B. Linder）在 1961 年出版的《贸易与变化》一书中提出的。在该书中，他第一次从需求角度试图对当代工业国家之间的贸易和产业内贸易现象进行解释。

林德认为，一国经济增长带来的收入水平提高会使该国的代表性需求向着某种比较昂贵的商品移动。不同国家由于经济发展水平不同，对商品需求偏好也不同。基于需求偏好相同的要素禀赋理论只能解释初级产品的贸易，而不能解释工业品的贸易。这是因为前者的贸易模式主要是由供给要素决定的，而后者的国际贸易模式是由需求决定的。国际工业品贸易的发生，往往是先由国内市场建立起生产规模和国际竞争能力，而后再拓展国外市场，因为厂商总是出于利润动机首先为他所熟悉的本国市场生产新产品，当发展到一定程度，国内市场有限时才开拓国外市场。因此，两国经济发展程度越相近，人均收入越接近，需要偏好越相似，相互需求就越大，贸易可能性也就越大，如果两个国家的需求结构和需求偏好完全相似，一国可能进出口的产品，也就是另外一国可能进出口的产品。相反，如果两国之间的收入水平相差较大，会使两国需求偏好差异较大，相互之间对对方生产消费的商品没有需求，从而使相互之间的贸易难以发生。

根据要素禀赋理论，两国的资本劳动比率越相近，比较成本的差异将越小，两国的贸易量将越小。但根据偏好相似理论，两国的资本劳动比率越相近，表明两国的经济发展程度越接近，因而人均收入的差异将越小，重叠的市场部分将越大，两国的贸易量将越大。因此，林德的偏好相似理论似乎较赫克歇尔和俄林的要素禀赋理论更适合于解释贸易发在发达国家之间的现象。林德的结论既符合产品生命周期理论的有关说法，也与我们观察到的、第二次世界大战后发达国家之间制成品贸易增长最快的现象一致。

第四节　保护贸易理论

一、保护贸易理论的产生

尽管西方国际贸易理论以自由贸易理论为主线，但是，西方国际贸易理论史上最早的学说——重商主义，却是典型的保护贸易理论（protectionism）。重商主义是资本主义原始积累时期的政策主张，还难以构成完整的理论体系。到 19 世纪初，当时处于经济发展落后状态的美国和德国产生了真正意义上的贸易保护理论。

（一）关税保护思想

亚历山大·汉密尔顿（Alexander Hamilton，1757—1804 年）是美国独立后第一任财政部部长。当时美国在政治上虽然独立，但经济上仍属殖民地经济形态，国内产业结构以农业为主，工业方面仅限于农产品加工和手工业品的制造，处于十分落后的水平。美国南部种植园主要求延续长期施行的自由贸易政策，继续向英国、法国、荷兰等国出售小麦、棉花、烟草、木材等农林产品，用以交换这些国家的工业品。而北方新兴的工业资产阶级则要求实行保护关税政策，以便独立地发展本国的工业经济。汉密尔顿代表工业资产阶级的愿望和要求，于 1791 年 12 月向国会提出了《关于我国制造业的报告》，明确提出实行高关税政策进行贸易保护的主张。

为了保护和促进制造业的发展，汉密尔顿提出了一系列具体的政策主张，主要有：①向私营工业发放政府信用贷款，为其提供发展资金；②实行保护关税制度，保护国内新兴工业；③限制重要原料出口，免税进口极端必需的原料；④为必需品工业发放津贴，给各类工业发放奖励金；⑤限制改良机器输出；⑥建立联邦检查制度，保证和提高制造品质量。

汉密尔顿的保护关税论是从美国经济发展的实际情况出发所得出的结论，反映了美国建国初期急需发展本国的工业，走工业化道路，追赶欧洲工业先进国的强烈要求。这一观点的提出，为落后国家进行经济自卫和先进国家相抗衡提供了理论依据，同时也标志着从重商主义分离出来的西方国际贸易理论两大流派已基本形成。

（二）幼稚工业保护论

1. 历史背景

19 世纪德国最进步的资产阶级经济学家、德国资本主义之父乔治·弗里德里希·李斯特（Georg Friedrich List，1789—1846 年），1841 年出版了他的著作《政治经济学的国民体系》。李斯特在著作中系统地阐述了幼稚工业论，建立了一套以生产力理论为基础、以保护关税制度为核心、为后进国家服务的保护贸易理论。

2. 理论依据

李斯特是在与流行学派——英国古典学派自由贸易理论的论战中提出自己系统的保护贸易理论的。李斯特认为，自由贸易可以分为两类：国内自由贸易和国际自由贸易，这是两类性质和作用完全不同的、存在天壤之别的自由贸易。国际贸易，作为国家之间的贸易交往，是否实行自由贸易政策，要视情况而定，不可一概而论。英国古典学说关于国际自由贸易的思想对经济发展尚处于落后阶段的国家是不适用的。李斯特认为，当时流行的英国古典学派的自由国际贸易理论体系存在三个主要缺点。

第一，是无边无际的世界主义，不承认国家原则，也不考虑如何满足国家利益。

第二，只考虑交换价值，即通过对外贸易增进财富，而没有考虑到国家的精神和政治利益、眼前和长远的利益以及国家生产力。

第三，英国古典学说是狭隘的本位主义和个人主义，完全抹杀了国家和国家利益的存在。

3. 贸易保护与经济发展阶段

从历史演进的角度出发，李斯特把经济发展过程分成五个时期：①原始未开化时期；②畜牧时期；③农业时期；④农工业时期；⑤农工商时期。他主张在不同的时期应实行不同的外贸政策，提出对外贸易的"三阶段政策"。

第一阶段：经济发展水平处在第一至第三时期。这样的国家可以而且应当与技术先进的国家进行自由贸易，出口农副产品，进口工业品，以此为手段使自己尽快脱离未开化状态，在农业上求得发展，为工业化奠定基础。

第二阶段：经济发展水平处于农工业时期。当一个国家越过工业发展的初级阶段，已经具备建成一个工业国的精神上和物质上的必要条件，只是由于还存在着一个比它更先进的工业国家的竞争力量，使前进的道路受到阻碍时，那才有理由实行保护贸易政策，以便建立并保护本国的工业。处于农工业阶段的国家必须实行保护贸易制度，以保护本国幼小工业的发展，促进本国工业、运输业和对外贸易的全面发展。

第三阶段：经济发展水平处在农工商业时期。当一个国家进入农工商业的发展阶段以后，就又应当实行自由贸易政策。这样的国家已相当发达，本国工业具有相当强的竞争能力，因此应实行自由贸易政策，通过国内外市场的充分竞争，促进资源的合理利用和生产力的进一步提高，使国内产业不断保持优势地位。

根据李斯特的观察，当时英国已经进入农工商业时期，实现了工业化并处于世界垄断地位，在世界范围内的自由贸易，符合工业发达的英国（处于第三阶段）资本进行对外经济扩张和垄断世界市场的需要，主张自由贸易是理所当然。而英国为了发展本国的工业，也曾经使用过保护贸易政策。当时的德国和美国（处于第二阶段）则处在农工业时期，工业尚处于建立和发展时期，还不具备自由竞争的能力，因此必须实行保护贸易政策。而如果实行自由贸易政策，对这样的工业落后国家，就永远不可能发展到经济发达国家的水平。

由上述可知，李斯特在与流行学派的论战中，始终以国家利益为核心、以促进或阻碍生产力为标准，建立了以生产力理论为基础的保护贸易理论体系。并且认为，只是在工业化初期为了防止外国强有力的竞争压垮本国新生工业，国家才需要采取贸易保护措施。

4. 贸易保护的具体措施

李斯特对具体的贸易保护政策也作出了比较系统的设计，提出了一系列独到的见解。

（1）关于贸易保护的部门。

李斯特认为，保护的对象主要是国内的工业。他在论著中反复强调，工业发展会给一国带来巨大的利益，并从国民经济协调发展的角度，阐明保护工业发展的重要意义。他说："一个国家没有工业，只经营农业，就等于一个个人在物质生产中少了一只膀子。商业只是农业与工业之间以及它们各部门之间的交流中介。一个国家只用农产品向国外交换工业品，就等于一个人只有一只膀子，还有一只膀子是借助于外人的。"[①] 所以，"一切现代国家的伟大政治家，几乎没有一个例外，都认识到工业对国家财富、文化和力量的重大意义，有加以保护的必要"。[②]

（2）关于贸易保护的具体对象。

虽然李斯特把工业作为保护对象，但并不主张对所有的工业品都采取高度保护措施，

---

①李斯特. 政治经济学的国民体系 [M]. 北京：商务印书馆，1961：141.
②李斯特. 政治经济学的国民体系 [M]. 北京：商务印书馆，1961：131.

而要区别对待，对不同的工业部门采取不同程度的保护措施。

首先，幼稚工业（infant industry）才需保护。李斯特不主张保护所有工业，而只主张选择某些在经历一定保护期后，确实能发展、壮大的产业进行保护。而且，某一产业虽属幼稚，但如果没有强有力的竞争对手时，也不需要保护。

其次，对那些对国民经济有重要意义的部门，即建立与经营时需要大量资本、大规模机械设备、高度技术知识和丰富经验以及人数众多的、生产最主要的生活必需品的部门，要特别注意保护。

再次，对机器、原材料等的进口，则应放宽。如果一个国家的专门技术和机器制造业还未获得高度发展，应该对国外输入的一切复杂的机器设备免税；即使要征税，税率也要定得极低，因为机器是工业的工业，限制外国机器的输入，实际上会阻碍国内工业的发展。国内不能生产的工业原料也应免税或低税进口。

最后，他认为对高贵奢侈消费品，只需征收很低的关税。因为这类产品需要高度的技术，进口总值不大，一旦发生战争等情况而影响其进口也不致扰乱大局，征税过高反而会刺激走私。

（3）关于贸易保护的时间。

李斯特主张国内幼稚的但有发展希望的工业，通过一定时期的保护之后应该能成长起来；等到被保护的工业发展到能与外国竞争时，就无须再保护。在一般情况下，如果某种产业不能在比原来高40%～60%的保护关税下长期存在下去，这种产业就缺乏保护的基本条件，因而不应该给予保护；或者被保护的工业在适当时期内还不能扶植起来，也就不必再予以保护，因为保护贸易不是保护落后和低效率。所谓"适当时期"，李斯特主张以30年为最高期限。

（4）关于保护贸易的手段。

李斯特认为关税是建立与保护一国国内工业的主要手段，并提出以下关税保护主张：

应当根据工业发展的需要而确定关税。李斯特认为一国的保护税率应当有两个转折点，即由低到高，然后又由高到低。税率的增减程度，是不能从理论上来决定的，而要看比较落后国家在它对比较先进国家所处关系中的具体情况来决定。

根据工业性质实行差别税率，采取不同程度的保护。为达到保护的目的，李斯特认为"对某些工业品可以禁止输入，或规定的税率事实上等于全部，或至少部分地禁止输入，或税率较前者略低，从而对输入发生限制作用"。[1] 但对生产高贵奢侈品的工业，则只需要最低程度的保护，"凡是在专门技术与机器制造方面还没有获得高度发展的国家，对一切复杂机器的输入应当允许免税，或只征收极轻的进口税，直到在机器生产上能与最先进国家并驾齐驱时为止"。[2]

在运用关税来进行贸易保护的方式上，李斯特强调指出，进口税提高的尺度应当事先决定，使国内或由国外吸引来的资本家、技术人员和工人的报酬可以获得可靠保证。而且，这种关税尺度一经确定就不要轻易变动，以免引起混乱。政策反反复复就会失去保护作用。总之，所有这些保护方式，没有一个是绝对有利或绝对有害的，究竟采取哪一种方式最为适当，要视国家特有环境和它的工业情况而定。

二、保护贸易理论的发展进程

自汉密尔顿、李斯特以后，经济学家对保护贸易理论又作了一些补充和发展。这方面的研究主要集中在以下两个方面：一是如何确定需要保护的幼稚产业；二是为实施保护主义措施寻找其他论据。

（一）幼稚产业的选择标准

李斯特生活的时代，工业内部门类还比较少，加上德国当时的工业整体落后于英、法，所以他实际上是把工业作为整体的幼稚部门而要求进行保护的。因而就没有解决究竟什么样的工业部门才是需要贸易保护的幼稚产业的问题。此后，英国经济学家约翰·穆勒（John Stuart Mill，1806—1873 年），虽然是自由贸易论者，但他赞成李斯特的幼稚产业保护论，认为这是保护贸易可以成立的唯一理由。关于受保护对象的标准，穆勒曾提出以下三点。

第一，正当的保护只限于对从外国引进的产业的学习掌握过程，过了这个期限就应取消保护；

第二，保护只应限于那些被保护的产业，在不久之后，没有贸易保护也能生存的产业；

第三，最初为比较劣势的产业，经过一段时间保护后，有可能变为比较优势产业。

约翰·穆勒的保护幼稚产业的选择准则提出以后，英国经济学家巴斯塔布尔（Charles

---

①李斯特. 政治经济学的国民体系 [M]. 北京：商务印书馆，1961：135.
②李斯特. 政治经济学的国民体系 [M]. 北京：商务印书馆，1961：135.

Francis Bastable，1855—1945 年）在坚持穆勒的产业自立原则基础之上，又将成本—收益分析方法引入选择标准，提出保护、扶持幼稚产业所需的社会成本不能超过该产业将来利润的现值，符合条件的即为幼稚产业。但是他并没有说明是社会利润还是企业利润。这一定义将穆勒的静态标准发展为动态标准。巴斯塔布尔认为符合下列两条标准的产业可以作为幼稚产业进行保护：受保护的产业在一定时期以后能成长、自立；受保护产业将来所能产生的利益，必须超过现在因为实行贸易保护而必然受到的损失。

后来，美国学者默瑞·肯普（Murray. C. Kemp，1926—2021 年）把他们两个人的标准结合起来，称之为"穆勒—巴斯塔布尔准则（the Mill—Bastable infant industry dogma）"。肯普标准将外部经济效应与幼稚产业保护联系在一起，更加强调外部规模经济与幼稚产业保护之间的关系，比巴斯塔布尔标准更前进一步。

日本经济学家小岛清（Kiyoshi Kojima，1920—2010 年）对穆勒、巴斯塔布尔、肯普等人的幼稚产业选择准则提出了自己的看法。小岛清认为，只要是有利于国民经济发展的幼稚产业，即使不符合巴斯塔布尔或肯普准则，也是值得保护的。至于怎样确定这种幼稚产业，则要从一国要素禀赋状况及其变化，从幼稚产业发展的客观条件方面来考察这一问题。

第一，保护的幼稚产业，要有利于对潜在资源的利用。如果保护政策能促使该国创造出利用潜在资源的国内外市场等条件，从而带动经济增长，那么，贸易保护政策就是正当的。

第二，对幼稚产业的保护，要有利于国民经济结构的动态变化。一国的要素禀赋比率是动态的、变化的。例如，如果资本积累率超过劳动力增加率，资本与劳动的比率就会转变。如果资本密集型产业是幼稚产业，那对资本密集型产业的保护，就有利于国民经济结构的动态转变。

第三，保护幼稚产业，要有利于要素利用率的提高。开发一种新的产业，也就意味着引起一种新的生产函数。如果一种幼稚产业在保护下成长起来以后，能对其密集使用的要素加以大规模的节约，从而能在既定的资源下维持其产量的增长，那么该产业就能实现自给甚至出口。

（二）贸易保护的理由

保护贸易理论的发展，除上述对幼稚工业保护理论的深入探讨外，还有其他论据。这些论据形形色色，有经济的，也有非经济的，不下数十种。这里择其要者作一阐述。

1. 经济方面的论据

（1）保护贸易政策有利于保护和增加就业机会。

从理论上讲，国际贸易的扩大有利于增加世界的总产量，从而扩大生产规模，增加就业机会。

（2）实行保护贸易可以促进本国产业多样化。

这种论点认为，如果一国高度专业化生产一种或几种产品，国内其他需求依赖进口，这样就会形成比较脆弱的经济结构。一旦国际市场发生变动，国内经济就难以适应和调整。通过贸易保护，就可以保护和促进落后产业的发展，形成产业多样化格局，以保持国民经济结构的平衡，减少对外依赖的脆弱性，因此应该使用关税保护政策来促进本国产业的多样化。

（3）因反对不公平贸易而采取保护政策。

这又可分为下列三种情况。

第一，抵制外国廉价劳动力竞争。这一论点在美国颇为流行。这种论点认为，各国工资水平不同，一些工资水平低的发展中国家所生产的商品成本也低，而工资水平高的发达国家的商品成本则高。因此，为了维持本国较高的工资水平，避免廉价劳动力成本的产品竞争，必须实行保护措施。

第二，反对倾销和补贴而采取保护措施。所谓倾销是指在控制国内市场的条件下，以低于国内市场的价格，甚至低于商品生产成本的价格，向进口国抛售商品。因此，进口国有理由采取保护措施，向进口商品征收反补贴税，以抵消补贴效果。

第三，把关税作为报复手段与谈判手段。当一国的出口因其他国家课征关税而受到损害时，该国可对其他国家的进口也征收关税，这就是报复关税。报复关税的目的，在于使对方国家了解关税对相互贸易的损害，从而促使彼此取消或减让关税，即把关税作为谈判的手段。此外，一国在发生贸易收支或国际收支恶化时，也有理由采取征收关税等限制进口的措施，同时通过各种手段鼓励出口，以求得国际收支的基本平衡。

2. 非经济论据

（1）保障国家安全。早在 17 世纪，英国重商主义者就利用国防安全来论证限制使用外国船舶和海运服务是正当的。因为如果英国只购买英国船舶和海运服务，就会促进英国造船工业和商船的增长，这对加强英国的经济和军事实力是十分重要的。这虽然没有经济上的正当理由，但作为实际问题却有着不可忽视的重要性。有些生产部门，如粮食、棉花、武器等，并非所有国家都具有比较优势。然而这些部门具有非常重要的意义，必须保持必要的生产规模。这是因为，在平时通过国际贸易来获得这些商品很方便，价格也低，而一旦发生战争或出现了敌对状态，就会面临缺乏生存必需品供应的危险。因此，对这一类产业加以保护，对保证国家安全是非常重要的。

（2）调整社会收入的分配。出口集团由于出口商品相对价格高于国内市场而增加了企业和个人的收入，进口竞争集团则会因进口商品的增加而受损，使某些企业和个人的收入减少，有些企业甚至会因此而破产，工人失业。很明显，自由贸易会引起本国经济结构的调整，从而导致社会的收入分配格局发生变化，由此可能衍生出一系列的社会矛盾。为了"公平的收入分配"，防止因自由贸易带来收入分配格局变动而引起的社会震荡，对某些产业（尤其是停滞产业）实行保护贸易政策，就被认为是正当和合理的了。

（3）保护国民身体健康。有些商品的质量问题直接关系到人身的健康和安全，如食品、医药制品等。如果自由进口和销售，就有可能传播疾病，因此，政府对威胁人民健康和卫生的贸易产品加以管制的做法是明智的。比如，美国就禁止从有口蹄疫史的国家进口新鲜或冷冻牛肉。

三、保护贸易政策的合理性及贸易政策的选择

（一）保护贸易政策的合理性

国际贸易分工理论表明，自由贸易最有利于促进生产资源进行合理的全球配置，从而促进各国的经济增长，增进各国的物质福利。因此，自由贸易政策才是最好的政策。从纯理论的角度看，自由贸易理论是能成立的，也为国际贸易不断扩大的实践所证实。那么，保护贸易的理论和政策主张是不是没有任何经济学根据呢？保护贸易理论在以下几个方面，具有明显的经济学合理性。

第一，保护贸易政策的立足点是保护和促进本国经济增长，增强其国际竞争力。

第二，实行保护贸易政策着眼于资源的动态优化配置，考虑经济成长的长远利益。

第三，为保证国内经济结构调整和经济运行的平稳而实行保护政策。

第四，考虑到贸易对收入分配的影响及贸易利益的分配而采取恰当的贸易保护。

（二）贸易政策的选择

从一个国家的角度出发，选择什么样的贸易政策，完全服从于本国经济发展的需要。

在各国经济一体化进程明显加快的今天，参与国际贸易分工是不可逆转的潮流。关键在于掌握好参与贸易分工竞争的"度"，根据自己国民经济发展的需要，选择这种参与的合适形式，在竞争中增强国际竞争力。

1. 贸易政策的条件

任何一个国家在决定贸易政策时，都必须首先了解本国国情和国际市场状况，根据客观具体条件决定政策取向。概括地说，按照经济发展程度，任何国家都可以归为发展中国家与发达国家两类；按照对国际市场影响力和对国际价格接受程度的大小，任何国家也可分为大国和小国两类。

（1）选择贸易政策时应当考虑现实的国际条件。

（2）选择贸易政策时，应当慎重把握本国的经济发展程度。

（3）选择贸易政策时，应当了解本国在特定领域的影响力大小。

2. 选择贸易政策的原则

在了解贸易政策的条件之后，我们还须注意，贸易政策的选择还必须遵循一些原则。

第一，如果一国政府的意图是实现某个国内生产或消费方面的目标，那么采取直接对准这一目标的政策往往要优于贸易政策。

第二，在选择贸易政策时，首先必须确立贸易政策的目标，不同的目标下选择贸易政策应具有整体眼光与长远思维。

第三，应当合理地选择贸易政策的具体措施。

第四，必须注重贸易政策的国际协调。

当然，在制定贸易政策时不仅要考虑客观条件，遵循上述原则，而且更重要的是必须具体问题具体分析，切合国情和宏观经济目标，选择合适的贸易政策。

第三章 国际贸易管理理论透视

第一节 关税与非关税壁垒

一、关税概述

(一) 关税的定义

关税（customs duties tariff）是指进出口货物通过一国关境时，由该国政府所设立的海关向进出口商征收的一种赋税。由于征收关税提高了进出口商品的成本和价格，客观上限制了进出口商品的数量，故关税又被称为关税壁垒（tariff barriers）。

(二) 关税的特征

关税与其他税收一样，具有强制性、无偿性和预定性。强制性是指关税由海关凭借国家权力依法强制征收，而不是一种自愿性的捐纳，纳税人必须按照法律规定无条件地履行其义务，否则就要受到国家法律的制裁。无偿性是指海关征收的关税都是国家向进出口商无偿取得的收入，国家不需要付出任何代价，也不必把税款直接还给纳税人。预定性是指国家事先规定关税征收比例或者征税数额。征纳双方必须同时遵守执行，不得随意变化或减免。除此之外，关税还具有以下特征。

第一，关税是一种间接税。因为关税主要是对进出口商品征税，其税负由进出口贸易商垫付，然后把它作为成本的一部分加在货价上，在货物出售时转嫁给买方或消费者。

第二，关税的税收主体和客体是进出口商人和进出口货物。税收的主体也称课税主体，即纳税人，是指负担纳税的自然人或法人；税收客体也称课税客体，是指课税的对象，如消费品等。关税的税收主体是本国的进出口商，税收客体是指进出口货物。当商品进出国境或关境时，进出口商根据海关的规定向当地海关缴纳关税，海关根据关税法及有关规定，对课税客体即各种进出口商品征税。

第三，关税是对外贸易政策的重要手段。进出口商品不仅与国内的经济和生产有着直接的关系，而且与世界其他国家或地区的政治、外交、经济、生产和流通等方面也有密切关系。关税措施体现一国对外贸易政策。关税的种类与税收高低直接影响国际贸易价格，继而影响着一国经济和对外贸易的发展。发达国家可以通过关税措施垄断国内市场和争夺国外市场。发展中国家可以通过关税措施维持和发展本国民族经济和反对发达国家的经济侵略。

（三）关税的作用

1. 增加财政收入

海关代表国家行使征税权，因此关税的收入便成了国家财政收入的一个重要来源。以增加国家财政收入为主要目的而征收的关税，称为财政关税，随着资本主义的发展，财政关税的意义逐渐减弱。

2. 保护国内的产业和市场

对进口商品征收关税，提高了进口商品的成本，能限制外国商品的进入，尤其是高关税可以大大减少有关商品的进口数量，减弱以至消除进口商品对国内商品的竞争，从而达到保护国内同类产业或者相关产业的生产与市场的目的。这种以保护本国产业和市场为主要目的的关税称为保护关税。

3. 调节进出口贸易结构

一国可以通过制定和调整关税税率来调节进出口贸易。在出口方面，通过低税、免税和退税来鼓励商品出口；在进口方面，通过税率的高低、减免来调节商品的进口。例如，对国内需求旺盛的商品通过减免关税的方式鼓励进口，或通过征收高额关税的方式限制进口；对出口导向型的产业通过减免关税的方式鼓励出口，通过征收高额关税的方式限制与国内产业具有竞争性的产品出口。

4. 关税的弊端

（1）进口关税设置过高，会刺激走私活动，造成关税流失。

（2）进口关税太高，过分保护，会使被保护的产业和企业产生依赖性，影响竞争力的培育和提高。

（3）关税结构不合理，对企业的保护作用会下降，甚至出现负保护。

（四）关税的主要种类

1. 按照征税的目的分类

（1）财政关税。财政关税又称收入关税，是指以增加国家的财政收入为主要目的而征收的关税。

（2）保护关税。保护关税是指以保护本国工业或农业发展为主要目的而征收的关税。保护关税税率要高，越高越能达到保护的目的。有时税率高达100％以上，等于禁止进口，成为禁止关税。

2. 按照征收的对象或商品流向分类

（1）进口税。进口税是进口国家的海关在外国商品输入时，根据海关税则对本国进口商所征收的关税。

（2）出口税。出口税是出口国家的海关在本国产品输往国外时，对出口商所征收的关税。出口一般被认为"有利于"一国的经济，能改变一国的贸易收支、提供就业机会等。

（3）过境税。过境税又称通过税或转口税，是指通过本国关境运输的货物所征收的一种关税。

3. 按照关税待遇分类

（1）普通关税。普通关税对与本国未签署经贸友好协定的国家原产的货物征收的非优惠性关税。

（2）优惠关税。最惠国税——最惠国税是对来自与该国签订具有最惠国待遇贸易协定的国家或地区进口的商品所征收的关税。

特惠税——特惠税又称优惠税，是对来自特定区域或国家的进口商品给予特别优惠的低关税或免关税待遇。

普遍优惠制——普遍优惠制简称普惠制，是指发达国家承诺对从发展中国家或地区输入的商品，特别是制成品和半制成品，给予普遍的、非歧视的和非互惠的关税优惠待遇。

（3）差别关税。差别关税指对同一种商品由于输出国或生产国的不同而有差别对待的进口关税。这类差别关税主要有反倾销税、反补贴税、紧急关税、惩罚关税和报复关税五种，最常见的是反倾销税和反补贴税两种。

反倾销税——反倾销税是对实行商品倾销的进口货物征收的一种临时性进口附加税。

反补贴税——反补贴税又称为抵消税，是指为了抵消进口商品在制造、生产或输出过程中直接或间接接受的奖金或补贴而征收的一种进口附加税。征收反补贴税的目的在于增加进口商品成本，抵消出口国对该项商品所做出的补贴鼓励作用，确保进口国市场和生产的稳定。

报复关税——报复关税是指发现贸易对方出现歧视性待遇或违背贸易法规或拒绝接受WTO裁决后，可以通过征收报复关税的办法予以报复。

4. 按照征收方法分类

（1）从量税。从量税是按照商品的重量、数量、容量、长度和面积等计量单位为标准计征的关税。

（2）从价税。从价税是以进口商品价格为标准计征一定比率的关税，其税率表现为货物价格的百分率。从价税税额随着商品价格的变动而变动，所以它的保护作用不受商品价格变动的影响。但在商品价格下跌时，关税收入减少，作为财政关税的作用减弱。

（3）混合税。混合税又称为复合税，它是对某种进口商品采用从量税和从价税同时征收的一种方法。混合税在具体应用时有两种情况：一种是以从量税为主加征从价税；另一种是以从价税为主加征从量税。

（4）选择税。选择税是对同一种进口商品同时订有从价税和从量税两种税率，在征税时选择其中一种计算应征税款。一般是选择税额较高的一种征税，但有时为了鼓励某种商品进口，也有选择其中税额低者征收。

（五）关税水平及保护

1. 关税水平

关税水平（tariff level）是指一个国家进口关税的平均税率，代表了进口货物征税后的国内市场价格，比征税前的国际市场价格的平均提高幅度。

（1）简单算术平均法。简单算术平均法是以一个国家的税则中全部税目的税率之和除以税目总数的方法，可得到关税税率的简单算术平均数。其计算公式为：

$$关税水平 = （所有税目的税率之和/税目之和）\times100\%$$

（2）加权算术平均法。加权算术平均法是以每种商品在总进口额中所占比重为权数，计算关税税率的平均数。具体方法有三种：

一是全部商品加权平均法。这种方法以一定时期内，一国进口关税总税额除以进口商品总价值得到的加权算术平均数为关税水平。其计算公式为：

关税水平＝（进口关税总额/进口商品总值）×100%

二是有税商品加权平均法。有税商品加权平均法是把税则中税率为零的商品的进口值从进口商品总值中扣除，仅以有税税目项下商品进口值相加作为除数的加权平均法。这种计算方法比较真实地反映了一国关税的总体水平。其计算公式为：

关税水平＝（进口关税总额/有税商品进口总值）×100%

三是选择性商品加权平均法。在进行国际关税比较时，有时还采用选择性商品加权平均法。其计算公式为：

关税水平＝（进口关税总额/代表性商品进口总值）×100%

2. 关税的保护

对本国同类产品的保护程度通常用关税保护率来反映。关税保护率有名义保护率和有效保护率两种。

（1）名义保护率。

名义保护率（NRP）是指由于实行关税保护而引起的国内市场价格超过国际市场价格的部分与国际市场价格的百分比。其计算公式为：

$$NRP＝（P'-P）/P×100\%$$

式中，P' 为进口商品的国际市场价格；P 为进口商品的国内市场价格。在关税保护下，进口商品的价格提高了，这样国内生产的同类商品得以以相同的价格出售，从而达到了保护本国商品生产的目的，国内市场价格的提高所导致的国际市场与国内市场价格的差，即为名义保护率。

（2）有效保护率。

有效保护率（ERP）是指一种加工产品在保护下可能带来的加工增值对其在自由贸易下增加值的百分比。计算公式为：

$$ERP＝（V'-V）/V×100\%$$

式中 ERP 为有效保护率，V' 为保护下的产品增值，V 为自由贸易下的产品增值，增值为最终产品价格减去进口投入品成本。

（3）有效保护率与名义保护率的区别。

有效保护率关注的是在产品生产增值过程中，考察关税对被保护行业的生产过程所产生的影响，而名义保护率关注的是被保护产品的市场价格差异。

（4）关税有效保护理论的政策意义。

关税结构亦称关税税率结构，是指一国关税税则中各类商品关税税率的构成。要以关税对国内产业提供切实保护时，必须制定合理的关税结构。既要考察一国关税为该国某个产业提供的保护程度，也要考察该国的关税升级结构。

关税的有效保护既然取决于一国的关税结构，那么，在按一揽子减税方法进行关税减让谈判时，若大幅度削减投入品的关税税率，小幅度或不削减进口同类成品的关税税率，就可以在降低总体关税水平时，出现不降、少降，甚至提高对被保护产业的有效保护。

有效保护的理论说明，由于对出口品来说进口同类产品的关税为零，而其投入品关税不为零时，对国内该产品会出现负保护。在海关监管下的加工制度可以避免投入品税率高于产出品的税率出现负保护；各国对国内生产的出口品的进口投入品实行保税，或对加工后复出境的产品实行退还其进境时征收的关税和进口环节的国内税，也可使投入品的税率为零，从而避免出现负保护。

有效保护理论运用于国家产业政策时，最主要的是根据既定的产业政策制定合理的关税结构，提高对产业整体的有效保护程度，保证产业目标的实现。

二、非关税贸易壁垒概述

世界各国在保护本国的贸易利益方面，除了采取关税措施之外，许多国家还广泛采用各种非关税措施。

（一）非关税贸易壁垒的产生

1. 加强竞争的需要

《关税与贸易总协定》缔约方受到关税减让谈判成果履行的约束，在关税不能随意变动和提高的背景下，转而更多地采用非关税措施，以保护本国市场免受竞争。

2. 保护生态环境和国民健康

随着生活水平的提高和公众环保意识的加强，各国国民对衣食住行的条件、用品的卫生要求予以关注，从国外进口的产品也不能例外。

3. 世界贸易组织允许正当的非关税"壁垒"

世界贸易组织负责实施的《实施卫生与植物卫生措施协议》规定，成员方政府有权以国际标准为基础采取措施。如国际标准被认为不适合时，可自行设立标准，以保护人类与动物的健康，但要非歧视地实施，并保持透明度。

（二）非关税贸易壁垒的特点

非关税贸易壁垒措施包括数量限制措施和其他对贸易造成障碍的非关税措施。

关税措施是通过提高进口商品的成本，提高其价格，降低其竞争力，从而间接地起到限制进口的作用。非关税措施则是直接限制进口，与关税措施相比，非关税措施的特点如下：

1. 具有灵活性和针对性

一般来说，各国关税税率的制定必须通过立法程序，并具有一定的延续性。若要调整或更改税率，须经过较为烦琐的法律程序。因受到最惠国待遇条款的约束，在税率上难以作灵活性的调整。而制定和实施非关税措施，通常采用行政程序，制定比较迅速，能尽快地对某国的某种商品采取或更换相应的限制进口措施，较快地达到限制进口的目的。

2. 具有隐蔽性和歧视性

关税税率确定性，往往以法律形式公布，依法执行。但是，一些非关税壁垒打着"合理和科学"的旗号，制定烦琐复杂的标准和程序，使出口商难以辨别是非，不易应对。

3. 比关税更能直接达到限制进口的目的

非关税措施比关税更能直接达到限制进口的目的，是因为非关税措施的弹性更大。进口限制，一国政府在一定时期内，对某种商品的进口数量或金额加以直接的限制。进口限制是一国政府在一定时期内，对某种商品的进口数量或金额加以直接的限制，在规定的期限内，配额以内的货物可以进口，超过配额不准进口，或征收更高的关税或罚款后才能进口。非关税壁垒是指除关税以外的一切限制国际贸易的因素。与关税相比，其种类繁多、名目复杂且隐蔽性强，常被作为贸易保护主义政策的工具而得到广泛使用。常见的非关税壁垒有进出口许可证制度、进出口配额制、进出口商品检验制度、外汇管制等。

4. 非关税措施不断增多

随着世界市场的发展以及保护生态环境和国民健康与安全的需要，在关税壁垒降低的情况下，世界各国尤其是发达国家日益重视非关税措施（如进口配额制）预先规定进口的数量和金额，超过限额就不再进口，这样就能把超额的商品拒之门外，限制作用远远高于关税壁垒。

5. 发展中国家适应难

发展中国家由于科学技术落后、检验能力不足和生活水平差距，对发达国家所设置的非关税措施难以分辨是否科学、是否存在歧视行为，在商品出口上难以通过正当的非关税措施保护本国市场及生态环境和国民安康。

(三) 非关税措施的管理

非关税贸易壁垒的出现与发展有其合理的一面，但在运用中又出现了滥用和歧视的成分，构成了不正当的贸易保护，影响了国际贸易的正常发展。在《关税与贸易总协定》的"乌拉圭回合"谈判中，各国就对国际贸易有显著影响的非关税措施达成了协议，规定将逐步取消控制数量的非关税措施，保留并规范其他形式的非关税措施，以不影响国际贸易正常发展。

(四) 传统非关税贸易壁垒的种类

1. 进口配额制

进口配额制（import quotas system）又称进口限额制。它是指一国政府在一定时期（如一季度、半年或一年）内对某些商品的进口数量或金额加以直接限制的制度。在规定的期限内，配额以内的货物可以进口，超过配额不准进口，或者征收更高的关税或罚款后才能进口。它是实行进口数量限制的重要手段之一，主要有以下三种类型。

（1）绝对配额。绝对配额（absolute quotas）是指在一定时期内，对某些商品的进口数量或金额规定一个最高数额，达到这个数额后，便不准进口。

（2）全球配额。全球配额（global quotas）属于世界范围的绝对配额，对来自任何国家或地区的商品一律适用。主管当局通常按进口商的申请先后或过去某一时期的实际进口额批给一定的额度，直至总配额发放完，超过总配额就不准进口。

国别配额（country quotas）是在总配额内按国别或地区配给固定的配额，超过规定的配额便不准进口。为了区别来自不同国家和地区的商品，在进口商品时进口商必须提交原产地证书。实行国别配额可以使进口国根据与其有关国家或地区的政治经济关系分别给予不同的配额。国别配额分为自主配额和协议配额。

（3）关税配额。关税配额是对一定数额以内的进口商品，给予低税、减税或免税待遇；对超过数额的进口商品则征收较高的关税。如美国政府为保护国内农产品生产者的利益，对部分进口产品实行关税配额。

按照征收关税的目的，可分为优惠性关税配额和非优惠性关税配额；按照商品的进口来源，可分为全球关税配额和国别关税配额。优惠性关税配额是对关税配额内进口的商品给予较大的关税减让，甚至免税，面对超过配额的进口商品即按原来的最惠国税率计算征收。

2. "自愿"出口配额制

"自愿"出口配额制（"voluntary" export quotas）是一种限制进口的手段。所谓"自愿"出口配额制，是指出口国家控制出口或出口国在进口国的要求或压力下，"自愿"规定某一时间内（一般为3~5年）某些商品对该国的出口限制在限定的配额内，超过配额即禁止出口。

"自愿"出口配额制带有明显的强制性。进口国家往往以商品大量进口使其有关部门受到严重损害，造成所谓的"市场混乱"为理由，要求有关国家的出口实行"有秩序的增长"，"自愿"限制商品的出口，否则就单方面强行限制进口。在这种情况下，一些出口国家不得不实行"自愿"出口限制。

根据世界贸易组织规则，进口配额制和"自愿"出口配额制要逐步取消。除非因特殊情况，不得再重新设置。

3. 进口许可证制

进口许可证制（import licence system）是指进口国家规定，某些商品必须事先领取许可证才可进口，否则一律不准进口。

从进口许可证与进口配额的关系上看，进口许可证可分为两种：一种为有定额的进口许可证，即国家有关机构预先规定有关商品的进口配额，然后在配额的限度内，根据进口商的申请对每一笔进口货物发给进口商一定数量或金额的进口许可证。另一种为无定额的进口许可证，即进口许可证不与配额相结合。

4. 外汇管制

外汇管制（foreign exchange control）是指一国政府通过法令对国际结算和外汇买卖实行限制来平衡国际收支和维持本国货币汇价的一种制度。

在外汇管制下，出口商必须把他们出口所得的外汇收入按官定汇率卖给国家外汇管制机关；进口商也必须在国家外汇管制机关按官定汇率申请购买外汇；本国货币携带出入国境也受到严格的限制等。这样，国家的有关政府机构就可以通过确定官定汇价、集中外汇收入和审批外汇的办法，控制外汇供应数量，来达到限制进口商品品种、数量和进口国别的目的。

5. 进口押金制

进口押金制（advanced deposit）又称进口存款制。在这种制度下，进口商在进口商品时，必须预先按进口金额的一定比率和在规定时间内，在国家指定的银行无息存入一笔现金，才能进口。这样就增加了进口商的资金负担，影响了资金的流转，减弱了进口的动力，从而起到了限制进口的作用。

6. 进口最低限价制

最低限价（minimum price）就是一国政府规定某种进口商品的最低价格，凡进口货价低于规定的最低价格，则征收进口附加税或禁止进口，以达到限制低价商品进口的目的。

7. 歧视性政府采购

政府采购是指政府为政府机关自用或为公共目的而选择购买货物或服务的活动，其所购买的货物或服务不用于商业转售，也不用于供应商业销售的生产。歧视性政府采购是指政府通过立法，优先采购国内企业的商品，构成了对别国厂商的歧视。

歧视性政府采购政策是对外国商品的歧视。目前，一些国家歧视性政府采购政策限定的货物主要有：军火、办公设备、电子计算机和汽车等。

世界贸易组织对政府采购的规范如下：

（1）规范的协议。世界贸易组织对政府采购的规范协议是指《政府采购协议》。

（2）协议内容。《政府采购协议》是世界贸易组织协议中的少数几个不是所有世界贸易组织成员都参加的协议之一。这种协议被称为诸边协议（plurilateral agreements），与其他世界贸易组织所有成员都必须接受的多边协议（multilateral agreements）相区别。《政府采购协议》只在世界贸易组织成员中使用，对未参加的成员不适用。该协议对采购货物的金额做出了界定，超过该界限的采购项目受到协议约束。

（3）规范内容。采购内容——只适用于签署方在各自承诺的清单中列出的政府采购实体，只有列入清单的采购才受约束。

采购限额：当政府采购的金额达到协议规定的最低限额，或达到成员方经谈判达成的最低限额时，有关采购活动才受该协议约束。

采购行为：第一，非歧视原则。签署方进行政府采购时，不应在外国的产品、服务和供应商之间实施差别待遇；给予外国产品、服务和供应商的待遇也不应低于国内产品、服务和供应商所享受的待遇。第二，透明度原则。签署方采购实体要在已向世界贸易组织通报的刊物上发布有关政府采购的信息，包括招标的规章和程序，采购通知；签署方每年应向世界贸易组织通知列为清单的采购实体的采购统计数据，以及中央政府采购实体未达到"最低限额"的采购统计数据。第三，公平竞争原则。对清单中列明的采购实体进行的达到或超过最低限额的政府采购，采购实体应为供应商提供公平竞争的机会，即实施招标。招标分为公开招标、选择性招标和限制性招标三种。公开招标和选择性招标应是优先采用的采购方式。

8. 海关任意估价制

海关估价是指海关在征收关税时，确定货物完税价格的程序。很多国家为了保护本国市场，对进口商品通过提升税号、按照国内同类产品价格计价等办法提高关税，为进口商品设置障碍，影响国际贸易正常发展，因此构成非关税措施。

规范的协议：世界贸易组织对海关任意估价的规范协议是指《海关估价协议》，适用于所有世界贸易组织成员。

规范内容：①适用货物范围。协议只适用于商业意义上正常进口的货物。②海关估价的方法。协议规定，世界贸易组织进口成员方海关应在最大限度内以进口货物的成交价格作为货物完税价格。③进口商的权利与义务。进口商必须如实申报进口货物的价格及有关信息，并与海关进行充分合作，如海关怀疑进口商申报价格的真实性和准确性可要求进一步提交资料或证据，以证明申报价格是经调整后的实付或应付价格。

（五）技术性贸易壁垒

1. 技术性贸易壁垒的含义

技术性贸易壁垒是指各国为保证其进出口商品的质量，或保护人类、动物或植物的生命或健康及保护环境或防止欺诈行为而设立的技术法规、技术标准、合格评定程序等。如果它们符合国际已有规则或科学、合理，就是正当的；如果不符合国际已有规则或随意设置或滥用，则是不正当的和歧视性的。20 世纪 90 年代以后，技术性贸易壁垒成为最主要的非关税措施之一。

2. 技术性贸易壁垒的影响

（1）技术性贸易壁垒对发达国家的影响要小于对发展中国家的影响。

（2）对发展中国家来说，技术性贸易壁垒带来的影响远远大于发达国家。

（3）对整个国际贸易的影响。

正当技术贸易壁垒：①有利于人类健康和安全；②保护生态环境，实现可持续发展；③优化出口国家的商品结构；④提升发展中国家的国际标准化；⑤维护国家基本安全；⑥减少或杜绝不良的贸易行为。

不正当技术贸易壁垒：①出现不公平贸易竞争。②影响国际贸易正常发展。③加深技术贸易壁垒引起的贸易争端。④伤害发展中国家。⑤不利于正当技术贸易壁垒的确立。

3. 技术性贸易壁垒的相关思考

（1）抑制与规范技术性贸易壁垒的背景。

技术性措施越来越多地被用作贸易保护手段，成为影响国际贸易正常发展的壁垒。因此，世界各国认识到有必要制定统一的国际规则来规范技术性措施，消除技术性贸易壁垒带来的不利影响。1947 年签订的《关税与贸易总协定》开始关注这一问题，在《关税与贸易总协定》"乌拉圭回合"谈判中就此达成协议。《关税与贸易总协定》第 20 条 "一般例外" 中规定，缔约方为保障人类动植物的生命或健康可采取必要的措施；第 21 条 "安全例外" 也规定，缔约方为保护国家基本安全利益可采取必要的措施，依据这些规定，《关税与贸易总协定》在 1970 年成立了一个政策工作组，专门研究制定技术标准与质量认证程序方面的问题，并负责起草防止技术性贸易壁垒的协议草案。在 1947 年《关税与贸易总协定》"乌拉圭回合"中，达成了所有世界贸易组成员都要遵守的《技术性贸易壁垒协议》。

（2）《技术性贸易壁垒协议》的规范要求。

适用产品范围——该协议适用于所有产品，包括工业品和农业品，但政府采购实体指定的采购物品不受约束。

制定、采取和实施技术性措施应遵守的规则：①必要性规则；②贸易影响最小规则；③协调规则；④对发展中成员的特殊和差别待遇规则。

（3）技术法规、标准与合格评定程序的含义。

技术法规的内容与设置。技术法规是强制性执行的有关产品特性或相关工艺和生产方法的规定。主要包括国家政府部门或经授权的非政府机构制定的技术法规。技术法规包括国家安全、产品安全、环境保护、劳动保护、节能等内容。

标准的含义。标准指经公认机构批准供通用或重复使用的、非强制执行的关于产品特性或相关工艺和生产方法的规则或指南，可包括有关专门术语符号、包装、标志或标签要求。

合格评定程序含义。合格评定程序是指任何直接或间接用于确定产品是否满足技术法规或标准要求的程序。主要包括：抽样、检验和检查；评估、验证和合格保证；注册、认可和批准；以及上述各项程序的组合，只要能确保符合自身的技术法规或标准，成员方就应采用国际标准化机构已经发布或即将拟就的有关指南或建议，作为合格评定程序的基础。

（4）及时通知。

为确保成员方制定、采用和实施法规或合格评定程序具有透明度，协议规定，如果成员方拟采用的技术法规或合格评定程序不存在相关的国际标准，或与有关国际标准中的技术内容不一致，且可能对其他成员方的贸易有重大影响，该成员方应履行通知义务。

（六）绿色贸易壁垒

绿色贸易壁垒是指各国为了保护人类、动物或植物的生命或健康，保护自然环境，对进出口的农、畜、水产品等初级产品，以及制成品，甚至服务，采用或实施必要的卫生及环保措施。这些措施如果合理和科学，符合国际标准和指南，则可改善人类健康、动物健康和植物卫生状况，保护和改善自然环境，促进国际贸易的正常发展。20世纪90年代以后，国际贸易中绿色贸易壁垒开始盛行，其原因如下：①国际社会保护环境的要求；②消费观念的更新；③竞争的需要；④应对"恐怖"事件。

绿色贸易壁垒形式如下。

第一，技术标准。技术标准是指由公认机构核准的描述产品或有关工艺和生产方法的规则指南或特性的一系列非强制性文件。如1995年4月后，国际标准化组织相继公布了ISO9000、ISO14000；1998年欧盟制定了ASOUN9000，对26大类消费品制定了详细和全面的标准。

第二，环境标志。绿色环境标志是由政府部门、公共或民间团体依照一定的环境保护标准，向申请者颁发并印在产品及包装上的特定标志，以向消费者表明该产品从研制、开发到生产、销售、使用，直至回收利用的整个过程都符合环保要求，对生态环境和人类健康均无害。自1978年德国第一个推行"蓝天使"环境标志制度以来，已有40多个国家实施了类似的制度。

第三，包装制度。绿色包装是为了节约资源，减少废弃物，用后易于回收利用或再生，易于自然分解，不污染环境的包装。

第四，卫生检疫制度。基于保护环境和生态资源，确保人类和动植物免受污染物、毒素、微生物、添加剂等伤害，要求进口产品进行卫生检疫的国家不断增多，建议规定日益严格。

第五，管制制度。绿色环境管制是指为保护环境而采取的贸易限制措施，如以保护环境为名，对进口产品征收关税；甚至采取限制、禁止或制裁的措施。此外，对本国厂商进行环境补贴，美国食品与药物管理局还规定，所有在美国出售的鱼类都必须具有来自未受污染的水域的证明，否则不能出售。

第二节 鼓励出口与出口管制

一、鼓励出口

（一）出口信贷

出口信贷（export credit），是一个国家的银行为了鼓励商品出口，增强商品的国际竞争能力，对本国出口厂商或外国进口厂商（或银行）提供的贷款。这是一国的出口厂商利用本国银行的贷款扩大商品出口，特别是金额较大、期限较长，如成套设备、飞机、船舶等出口的一种重要手段。其主要目的在于向国外推销商品时，吸引资金不足的进口商进口其商品。

1. 出口信贷的特点

出口信贷具有以下几个特点。

（1）所贷款项仅限于购买提供贷款国家的货物、技术或服务。

（2）贷款的利率一般低于银行商业贷款利率，其差额由出口国政府补贴。

（3）出口信贷的发放一般与国家提供的信贷保险相结合。

（4）贷款偿还期限分为短期、中期、长期三种，其中短期出口信贷偿还期以 1 年为限，中期为 1~5 年，长期为 5~10 年。

2. 出口信贷的类型

出口信贷按借贷关系分为卖方信贷和买方信贷两种。

卖方信贷（supplier's credit）是指出口方银行向出口商（即卖方）提供的贷款。其贷款合同由出口厂商与银行之间签订。卖方信贷通常用于那些金额大、期限长的项目，如成套设备等的出口。

买方信贷（buyer's credit）是指出口方银行直接向进口厂商（即买方）或进口方银行提供的贷款。取得这种贷款的条件是此贷款必须用于购买债权国的商品，是一种约束性贷款（tiedloan）。这种信贷一般有两种形式：一种是由出口方银行直接向进口厂商提供贷款；另一种是由出口方银行向进口方银行提供贷款。

（二）出口信贷国家担保制

出口信贷国家担保制（export credit guarantee syste）是指一国政府为了扩大本国商品出口，对本国出口厂商或银行向外国进口厂商或银行提供的贷款，由国家的专门机构出面担保的一种制度。一旦出现外国债务人拒绝付款时，国家担保机构就按照承保的金额，支付给出口厂商或银行。

以英国出口信贷担保署为例，该机构对商业银行向出口商提供的某些信贷提供担保，一旦出现贷款过期未能清偿付款时，该署可给予商业银行 100% 的偿付，而不问偿付的原因，但保留对出口商要求偿付的追索权。可见，出口信贷国家担保制能使银行减少或避免贷款不能收回而蒙受损失，有利于银行扩大出口信贷业务，促进商品运输，这是一种提高商品非价格竞争力的重要手段。

1. 担保风险与金额

（1）政治风险。因为进口国发生政变、革命、暴乱、战争以及政府实行禁运、冻结资金或限制对外支付等政治原因所造成的损失，国家担保机构可以给予出口商或放贷银行补偿。这类风险的承保金额一般是合同金额的 85%～95%。

（2）经济风险。因为进口商或借款银行破产倒闭无力偿付及货币贬值或通货膨胀等一些经济原因造成的损失，国家担保机构可以给予出口商或放款银行补偿。这类风险的承保金额一般是合同金额的 70%～85%。

2. 担保的对象

（1）对出口厂商的担保。出口厂商出口商品时提供的信贷可向国家担保机构申请担保。一些国家的担保机构本身不提供出口信贷，但是可以为出口厂商取得出口信贷提供一些便利条件。例如，有的国家采用保险金额的抵押方式，允许出口商所获得的承保权利，以"授权书"方式转移给供款银行而取得出口信贷。这种方式使银行的贷款得到安全保障，一旦债务人不能按期还本付息，银行可直接从担保机构得到补偿。

（2）对银行的直接担保。供款银行所提供的出口信贷都可以申请担保。它是国家担保机构直接对供款银行承担的一种责任。一些国家为了鼓励出口信贷业务的开展和保障贷款的安全，常常给银行极优惠的待遇。例如，英国出口信贷担保署（the export credit guarantee department）对商业银行向出口厂商提供的一些信贷，一旦出现过期不能付款时，该担保署可给予100%的补偿。

3. 担保期限

根据出口信贷期限，担保期限一般可分为短期与中长期。短期信贷担保为6个月左右。中长期信贷的担保，采用逐笔审批的特殊担保方式，担保时间通常为2~15年，最长的可达20年。

（三）商品倾销

1. 商品倾销的含义

商品倾销（dumping）是指出口商以低于正常价格的出口价格，集中地或持续大量地向国外抛售商品。商品倾销通常由私营垄断企业进行，但随着"贸易战"的加剧，一些国家设立专门机构直接对外倾销商品。

2. 商品倾销的分类

按照倾销的具体目的，商品倾销可分为三种。

（1）偶然性倾销（sporadic dumping），是指某一商品的生产商为避免存货的过量积压，于短期内向海外市场大量低价销售该商品。这种倾销方式是偶然发生的、一般无占领国外市场、排挤竞争者之目的，而且因为持续的时间较短，不至于打乱进口国的市场秩序、损害其工业。因此，国际社会一般对这种偶发性倾销通常不采取反倾销措施。

（2）掠夺性倾销（intermittentor predatory dumping），它是指以控制特定市场为目的、以明显的低价进行销售，在排除了所有竞争对手后再提高价格，牟取垄断利润的行为，它不仅意味着垄断，也是保持垄断的工具。

（3）持续性倾销，又称长期性倾销（long-run dumping）。这种倾销是无限期地、持续地以低于国内市场的价格在国外市场销售商品。其目的一般是为国内过剩商品或过剩生产能力解决出路，保护国内产业和生产者利益，转嫁经济危机，同时利用这一手段从经济上控制进口国家。

3. 商品倾销的弥补途径

商品倾销由于实行低价策略，必然会导致出口商利润减少甚至亏损，这一损失一般通过以下途径得到弥补。

（1）维持国内市场的垄断高价，获取超额利润，以补偿出口损失。

（2）由国家提供出口补贴来弥补垄断组织在倾销时所遭到的亏损。

（3）首先在国外市场进行倾销，在垄断国外市场后，再抬高价格，获取超额利润，以弥补早先倾销时所受到的损失。

（4）出口国政府设立专门机构，对内高价收购，对外低价倾销，由政府负担亏损。

（四）外汇倾销

外汇倾销（exchange dumping），是指一国利用本国货币对外贬值的机会来扩大出口，限制进口的一种措施。即倾销行为可通过汇率变动政策来实现。这是因为本国货币贬值后，出口商品用外国货币表示价格降低，提高了该国商品在国际市场上的竞争力，有利于扩大出口；而因本国货币贬值，进口商品的价格上涨，削弱了进口商品的竞争力，限制了进口。

外汇倾销是争夺国外市场、保护本国市场的一种重要手段。

外汇倾销不能无限制和无条件地进行，必须具备以下条件才能起到扩大出口和限制进口的作用。

第一，货币贬值的幅度应大于国内市场价格上涨的幅度。货币贬值必然引起一国国内物价上涨。当国内物价上涨程度赶上或超过货币贬值的程度，外汇倾销的条件就不存在了。但国内价格与出口价格的上涨总要有一个过程，并不是本国货币一贬值，国内物价立即相应上涨，而总是在一定时期内落后于货币对外贬值的程度，因此垄断组织就可以获取外汇倾销的利益。

第二，其他国家不同时实行同等程度的货币贬值和采取报复性措施。如果其他国家实行同等程度的货币贬值，那么两国货币贬值程度就会就相互抵消，汇价仍处于贬值的水平。如果外国采取提高关税等其他限制进口的报复性措施，也会起到抵消的作用，外汇倾销的条件也就不存在了。

此外，还有外汇倾销不宜在国内通货膨胀严重的背景下贸然采用，出口商品的需求弹性也会影响外汇倾销等条件。

（五）出口补贴

出口补贴（export subsidies）又称出口津贴，是指一国政府为了降低出口商品的价格，增强其在国际市场的竞争力，在某种商品出口时给予出口商的现金补贴或财政上的优惠待遇。

1. 出口补贴的两种基本方式

（1）直接补贴（direct subsidies）。是指政府在商品出口时，直接付给出口商的现金补贴。其目的是弥补出口商品的国际市场价格低于国内市场价格所带来的损失。有时候，补贴金额还可能大大超过实际的差价，这已包含出口奖励的意味。这种补贴方式以欧盟对农产品的出口补贴最为典型。

（2）间接补贴（indirect subsidies）。间接补贴是指政府对某些商品的出口给予财政上的优惠。如退还或减免出口商品所缴纳的销售税、消费税、增值税、所得税等国内税，对进口原料或半制成品加工再出口给予暂时免税或退还已缴纳的进口税，免征出口税，对出口商品实行延期付税、降低运费、提供低息贷款、实行优惠汇率以及对企业开拓出口市场提供补贴等。其目的仍然在于降低商品成本，提高国际竞争力。

2. 出口补贴的经济效应

出口补贴对出口国的生产、消费、价格、贸易乃至福利都会产生影响。但其程度会因采取出口补贴措施国家的出口额占世界出口总额的比重不同（是出口大国还是出口小国）而不同。

出口补贴行为会扭曲商品在国际市场的价格，易于在价格竞争中获取一定优势，甚至会对进口国的商品或同类商品的生产造成损害。就此而言，出口补贴行为显然是国际贸易中的不公平行为。然而，对经济落后的发展中国家而言，给予某些出口工业制成品以适度的补贴，仍旧是减少其国际收支逆差的重要一环。鉴于此，世界贸易组织在原则上反对出口补贴行为的同时，还是允许某些发展中国家在特殊情况下适度运用这种做法。因此，我们应该正确对待和运用这一手段。

（六）经济特区

经济特区（special economic zone）是指一个国家或地区在其关境以外所划出的一定的

特殊经济区域。在这个经济区域内，通过实行更加灵活开放的政策和措施，用降低土地价格、减免关税、放松海关管制和外汇管制、提供各种服务等优惠措施，吸引外国货物，发展转口贸易，或鼓励和吸引外资，引进先进技术，发展加工制造业，以达到开拓出口贸易、增加外汇收入，促进本国或本地区经济发展的目的。各国设立的经济特区规模不一、名目繁多，但一般主要有自由港和自由贸易区、保税区和保税港区、出口加工区、科学工业园区、自由边境区和过境区、综合型经济特区6种类型。

1. 经济特区的发展历史

（1）第一个阶段为商业自由贸易区时期（20世纪50年代末以前），其经济活动的中心是进行商业性的转口贸易。

（2）第二个阶段为工贸型出口加工区时期（20世纪50年代末—70年代末），其经济活动的中心是从事劳动密集型产品为主的出口替代工业。

（3）第三个阶段为科技综合型加工区时期（20世纪70年代末至今），经济特区逐步向科学化和综合化发展。

2. 经济特区的类型

（1）自由港和自由贸易区。

自由港（free port）又称自由口岸。它是指全部或部分外国商品可以豁免关税而自由进出口的港口。这种港口一般划在一国关境之外，外国商品除进入港区时免交关税外，还准许在港区内开展商品自由储存、展览、拆散、改装、重新包装、整理、加工和制造等业务活动，以便于本地区的经济和对外贸易的发展，增加外汇收入和财政收入。现今的自由港以促进转口贸易及为转口服务的商品储存和简单再加工（包括商品拆装、混合、分类、重新包装）为主要功能。

自由港根据不同的标准，具有不同分类。按其限制程度，分为完全自由港和有限自由港；按其范围大小分为自由港市和自由港区。

自由港对一个地区甚至一个国家外向型经济的发展起到重要的作用，从一般意义上讲，主要具有以下作用：一是提高港口对船东、货主的吸引力，扩大港口吞吐量，大大提高港口的中转功能；二是自由港的发展会促进港口向综合性、多功能方向发展，使港口成为外向型经济中心，同时，促进港口所在地区外向型经济的发展；三是最大限度地适应国际贸易灵活性的要求，提高贸易中各方的经济效益；四是促进自由港及毗邻地区的就业和第三产业的繁荣等。

自由贸易区（free trade zone）又称自由区、出口自由区、自由关税区、免税贸易区、免税区、自由贸易港、自由市、自由工业区、投资促进区及对外贸易区等。指在主权国家或地区的关境以外，划出特定的区域，准许外国商品豁免关税自由进出。实质上是采取自由港政策的关税隔离区。狭义仅指提供区内加工出口所需原料等货物的进口豁免关税的地区，类似于出口加工区。广义还包括自由港和转口贸易区。

根据不同的标准，自由贸易区有不同的分类：

就性质而言，自由贸易区可分为商业自由区和工业自由区。

就功能而言，自由贸易区的功能设定是根据区位条件和进出口贸易的流量而确定的，并且随着国内外经济形势的发展而调整和发展。其主要类型有：①转口集散型。②贸工结合，以贸为主型。③出口加工型。④保税仓储型。

（2）出口加工区。

出口加工区（export processing zone）是国家划定或开辟的专门制造、加工、装配出口商品的特殊工业区。狭义指某一国家或地区为利用外资，发展出口导向工业，扩大对外贸易，以实现开拓国际市场、发展外向型经济的目标，专为制造、加工、装配出口商品而开辟的特殊区域，其产品的全部或大部供出口。广义还包括自由贸易区、工业自由区、投资促成区和对外开放区等。

（3）科学工业园区。

科学工业园区（science-based industrial park）又称工业科学园、科研工业区、新产业开发区、高技术园区、科学公园和科学城。是一种以加速高新技术研制及其成果推广应用、服务于本国或本地区工业现代化以及开拓国际市场的需要，通过多种优惠和方便条件，将智力、资金高度集中用于高新技术研究、试验和生产的区域。

（4）自由边境区和过境区。

自由边境区（free perimeter），指设在本国边境地区的某一地段，按照自由贸易区或出口加工区的优惠措施，对区内使用的机器、设备、原料和消费品，实行减税或免税，以吸引国内外厂商投资。与出口加工区不同，外国商品在自由边境区内加工制造后主要用于区内使用，只有少数用于出口。因此，设立自由边境区的目的是吸引投资开发边境地区的经济。有些国家因而对优惠待遇规定了期限，或在边境地区生产能力发展后，就逐渐取消某些优惠待遇，甚至废除自由边境区。自由边境区现不常见，仅见于拉丁美洲少数国家。

过境区（transit zone）又称中转贸易区，指某些沿海国家为方便内陆邻国的进出口货运，根据双边协定，开辟某些海港、河港作为过境货物的自由中转区，对过境货物简化海关手续，免征关税或只征收小额的过境费。过境区与自由港的明显区别在于，过境货物在过境区内可短期储存或重新包装，但不得加工制造。过境区一般都是提供保税仓库设施。泰国的曼谷、印度的加尔各答、阿根廷的布宜诺斯艾利斯等，都是这种以中转贸易为主的过境区。

（5）综合型经济特区。

综合型经济特区是指一个国家或地区在其特定地区，划出一定范围的土地，新建或扩建基础设施，并提供减免税收等优惠政策，吸引外资发展各种产业。其主要的特点是规模大、经营范围广、功能多、行业间可提供更多服务。

世界上比较典型的综合型经济特区主要有巴西的玛瑙斯自由贸易区、印度尼西亚的巴浩岛自由贸易区、新加坡的裕廊工业区以及我国设立的经济特区。

（6）保税区和保税港区。

保税区（bondedarea）又称保税仓库区，是指海关所设置的或经海关批准注册的，受海关监督的特定地区和仓库。外国商品进入保税区，可以暂时不缴纳进口税，如再出口，不缴纳出口税，如要运入所在国国内市场销售，则须办理报关手续，缴纳进口税。运入保税区内的外国商品可进行储存、改装、分类、混合、展览、加工和制造等。此外，有的保税区还允许在区内经营金融、保险、房地产、展销和旅游业务。

二、出口管制

出口管制（export control）是指出台国家法令和行政措施，对本国出口贸易实行管制行为的总称。许多国家为了达到一定的政治、军事和经济目的，往往对某些商品，特别是战略物资实行出口管制，限制或禁止这些商品的出口。出口管制是一国对外贸易政策的组成部分，尤其是西方发达国家往往运用出口管制作为其实行贸易歧视的重要手段。

（一）出口管制的原因

1. 政治原因

政治原因往往是实行出口管制的主要原因，也是各国实行国别政策的重要手段之一。一些西方国家经常对与自己"敌对"或"不友好"的国家实行出口管制。

2. 经济原因

许多国家为了避免本国相对稀缺的商品的过量出口而造成不利的影响，常常会对该类商品实行出口管制，以保证国内需要。此外，当一国某些商品在国际贸易总额中占有很大的比重时，为了稳定国际市场价格、改善贸易条件，政府也会对这类产品实行出口管制。

3. 其他原因

如为了人权目的，禁止劳改产品的出口；为了保护地球生态环境和濒危动植物，对一些物资进行全球性的贸易禁运；为了保护历史文物，对一些特殊商品的出口实行管制。

（二）出口管制的对象

1. 战略物资和先进技术资料

如军事设备、武器、军舰、飞机、先进的电子计算机和通信设备、先进的机器设备及其技术资料等。对这类商品实行出口管制，主要是从"国家安全"和"军事防务"的需要出发，以及从保持科技领先地位和经济优势的需要考虑。

2. 国内生产和生活紧缺的物资

其目的是保证国内生产和生活需要，抑制国内该商品价格上涨，稳定国内市场。如西方各国往往对石油、煤炭等能源商品实行出口管制。

3. 需要"自动"限制出口的商品

这是为了缓和与进口国的贸易摩擦，在进口国的要求下或迫于对方的压力，不得不对某些具有很强的国际竞争力的商品实行出口管制。

4. 在国际市场上占主导地位的重要商品和出口额大的商品

对发展中国家来讲，这类商品实行出口管制尤为重要。因为发展中国家往往出口商品单一、出口市场集中，且该商品的市场价格容易出现大起大落的波动。控制该商品的出口可避免加剧世界市场供大于求的不利形势，使本国遭受更大的经济损失。比如，欧佩克（OPEC）对成员国的石油产量和出口量进行控制，以稳定石油价格。

5. 跨国公司的某些产品

跨国公司在发展中国家的大量投资，虽然会促进东道国经济的发展，但同时也可能利用国际贸易活动损害后者的对外贸易和经济利益。例如，跨国公司实施"转移定价"策略①，就是一个典型的例子。因此，发展中国家有必要利用出口管制来制约跨国公司的这

---

①姚宏，关媛元，高英. 跨国企业的转让定价策略——基于价值链的案例研究［J］. 管理案例研究与评论，2020，13（2）：232-245.

类行为，以维护自己的正当利益。

6. 历史文物和艺术珍品

这是出于保护本国文化艺术遗产和弘扬民族精神的需要而采取的出口管制措施。

（三）出口管制的形式

1. 单方面出口管制

单方面出口管制指一国根据本国的出口管制法案，设立专门机构对本国某些商品出口进行审批和颁发出口许可证，实行出口管制。

2. 多边出口管制

多边出口管制是指几个国家政府，通过一定的方式建立国际性的多边出口管制机构，商讨和编制多边出口管制货单和出口管制国别，规定出口管制的办法等，以协调彼此的出口管制政策和措施。然后由各参加国依据上述精神，自行办理出口商品的具体管制和出口申报手续。

（四）出口管制手段

一般而言，西方国家出口管制的程序是，其有关机构根据进出口管制的有关法案制定出口管制货单（commodity control list）和输往国别管制表（export control country group）；而列入出口管制的商品，必须办理出口申报手续，获取出口许可证后方可出口。对出口受管制的商品，出口商必须向贸易管理局申请出口许可证。

出口管制最常见和最有效的手段是运用出口许可证制度，出口许可证分为一般许可证和特殊许可证。

1. 一般许可证

一般许可证又称普通许可证，这种许可证相对较易取得，出口商无须向有关机构专门申请，只要在出口报关单上填写这类商品的普通许可证编号，在经过海关核实后就办妥了出口许可证手续。

2. 特殊许可证

出口属于特种许可范围的商品，必须向有关机构申请特殊许可证。出口商要在许可证上填写清楚商品的名称、数量、管制编号以及输出用途，再附上有关交易的证明书和说明书报批，获得批准后方能出口，如不予批准就禁止出口。

总之，西方国家的出口管制，不仅是国家管理对外贸易的一种经济手段，也是对外实行差别待遇和歧视政策的政治工具。

第四章　国际贸易组织理论阐释

第一节　国际区域经济一体化

一、区域经济一体化的含义及特征

（一）区域经济一体化的含义

"一体化"一词英文为 integration，它源于拉丁文 integratio，原意为"更新"，后来具有将各个部分结合为一个整体的含义。在经济领域，20 世纪 50 年代初，人们开始用"国际经济一体化"来表示将各个分立的国民经济结合成更大范围的经济区，也就是指各个国家之间在经济上结合起来形成一个经济联合体的事态或过程。

经济一体化含义有广义和狭义之分。广义经济一体化，即世界经济一体化，指世界各国经济之间彼此相互开放，形成一个相互联系、相互依赖的有机体。狭义经济一体化是指地理位置相邻的两个或两个以上国家（地区）以获取区域内国家（地区）间的经济集聚效应和互补效应为宗旨，为促使产品和生产要素在一定区域内的自由流动和有效配置而进行的某种程度的经济合作与协作，从而达到资源的优化配置，促进经济贸易发展，最终形成一个超国家的和经济贸易高度协调统一的整体的过程。

（二）区域经济一体化的特征

1. 以贸易自由化为起点

一体化组织成立的协定或条约，均以成员国相互之间提供关税减让为互惠互利条件，并以此为契机不断降低区域内的关税和非关税壁垒，促进区域内商品的自由流动。

2. 以政府推动为契机

与经济全球化本质上是一种自发的市场行为不同，无论是哪种形式的区域经济一体化组织，都是由政府出面，在签订某种互惠互利的一体化协议的基础上建立的。这种涉及国家之间的经济关系，甚至是部分经济主权让渡的超国家经济决策，如果没有政府的参与是不可能的。也就是说，区域经济一体化组织的建立是以政府的推动为直接表现的。

3. 具有对内自由和对外保护的双重特性

区域经济组织在加强成员国对内开放、促进区域内贸易自由化的同时，对外则通过共同的关税和非关税壁垒等保护措施，限制非成员国商品的进入。这充分体现了区域经济一体化组织作为一种区域性经济组织，同时具有开放性和排他性的双重属性。

4. 贸易创造与贸易转移双重效应兼备

成员国之间取消了关税及其他贸易壁垒的限制，使得部分原先由国内以较高生产成本生产的商品改由从低成本的成员国进口，从而使进口和出口的成员国都能更专业化于具有比较优势的产品，提高了资源的使用效率，扩大了生产规模和贸易规模。同时，由于低成本产品的流入，减少了消费者的消费开支，增加了消费者用于其他产品的消费，扩大了社会需求。生产、消费和贸易的同时扩大，提高了成员国的社会福利水平。这就是区域经济组织的贸易创造效应（trade creating effect）。与此同时，区域经济组织成立后，使成员国原来从区域外低成本生产国进口的某种产品改由从区域内较高成本生产的成员国进口，使其进口成本增加，社会福利水平下降。

5. 由地缘性向广泛性扩展

地理位置邻近，民族传统、宗教信仰、风俗习惯相近，劳务、资本、人员、信息等生产要素和商品的跨国流动便捷，不仅可以大大减少交易中的流通费用，而且易于在价值理念沟通的基础上达成一致。因此，地缘关系是区域经济一体化组织产生和发展的首要因素。

二、区域经济一体化的形式

（一）按一体化的程度划分

1. 特惠贸易协定

特惠贸易协定（Preferential Trade Agreement，PTA）有时也被称为特惠贸易区（preferential trade area），是指成员国之间通过协定或其他形式，对全部商品或部分商品规定较为优惠的关税，但各成员国保持其独立的对非成员国的关税和其他贸易壁垒，是区域经济合作中最低级的和最松散的组织形式。第二次世界大战前的"英联邦特惠制"和战后的"东南亚国家联盟"（东盟）就属于这种形式。

2. 自由贸易区

自由贸易区（free trade area），是指两个以上的国家或地区，通过签订自由贸易协定，相互取消绝大部分货物的关税和非关税壁垒，取消绝大多数服务部门的市场准入限制，开放投资，从而促进商品、服务和资本、技术、人员等生产要素的自由流动，实现优势互补，促进共同发展。这是一种松散的经济一体化形式，其基础特点是用关税措施突出了成员国与非成员国之间的差别待遇。例如 1960 年成立的欧洲自由贸易联盟和 1994 年 1 月 1 日建立的北美自由贸易区。

3. 关税同盟

关税同盟（customs union）指两个或两个以上国家缔结协定，除了相互取消大部分关税和非关税壁垒外，还对从关境以外的国家或地区的商品进口实行共同的关税税率和外贸政策。这在一体化程度上比自由贸易区更进了一步。它除了包括自由贸易区的基本内容外，而且成员国对同盟外的国家建立了共同的、统一的关税税率。结盟的目的在于使参加国的商品在统一关境以内在市场上处于有利地位，排除非成员国商品的竞争，它开始带有超国家的性质。

关税同盟大体可分为两类：一类是发达国家之间建立的，如欧洲经济共同体的关税同盟，其目的在于确保西欧国家的市场，抵制美国产品的竞争，促进内部贸易的发展，积极推进欧洲经济一体化的进程。另一类是由发展中国家建立的关税同盟，其目的主要是维护本地区各国的民族利益，促进区内的经济合作和共同发展。如中非关税同盟与经济联盟、安第斯条约组织、加勒比共同体和共同市场、西非国家经济共同体、大湖国家经济共同体、中非国家经济共同体等。

4. 共同市场

共同市场（common market）是指除了在成员国内完全废除关税与数量限制并建立对非成员国的共同关税外，还取消了对生产要素流动的各自限制，允许劳动、资本等在成员国之间的自由流动，甚至企业主可以享有投资开厂办企业的自由。"欧洲经济共同体"在 20 世纪 80 年代的发展接近这一水平。

5. 经济同盟

经济同盟（economic union）是指实现商品、生产要素的自由流动，建立共同对外关税，并且制定和执行统一对外的某些共同的经济政策和社会政策，逐步消除政策方面的差异，使一体化的程度从商品交换扩展到生产、分配乃至整个国民经济，形成一个有机的经济实体。如1991年解散的经济互助委员会。

6. 完全经济一体化

完全经济一体化（perfectly economic integration），是经济一体化的最高形式和最高阶段。在这一阶段，区域内各国在经济、金融、财政等政策方面均完全统一，在成员国之间完全取消商品、资本、劳动力、服务等自由流动的人为障碍，并且进一步实现经济制度、政治制度和法律制度等方面的协调，乃至统一的经济一体化形式。完全的经济一体化特点是，就其过程而言是逐步实现经济及其他方面制度的一体化；从结果上看，它是类似于一个国家的区域经济一体化组织，已从经济联盟扩展到政治联盟。目前欧盟正在向此形式迈进。

（二）按成员国构成的不同划分

发达国家型，即由发达国家组建的经济一体化组织，典型的如欧洲联盟。

发展中国家型，即由发展中国家组成的经济一体化组织，如东南亚国家联盟。

南北型，即由发达国家和发展中国家共同组建的经济一体化组织，如北美自由贸易区。这三类组织虽然形式上有相似之处，但目标、运行机制、发展历程等都有明显不同。

（三）按经济一体化的范围划分

1. 部门一体化

部门一体化（sectoral integration），是指区域内各成员国的一种或几种产业（或商品）的一体化。如1952年建立的欧洲煤钢共同体与1958年建立的欧洲原子能共同体均属此类。

2. 全盘一体化

全盘一体化（overall integration），是指区域内各成员国的所有经济部门加以一体化，欧洲经济共同体（欧洲联盟）就属此类。

（四）按经济发展水平划分

1. 水平一体化

水平一体化（horizontal integration），又称横向一体化，是指由经济发展水平相同或接近的国家形成的经济一体化形式。从经济一体化的发展实践来看，现存的一体化大多属于这种形式，如欧盟、中美洲共同市场等。

2. 垂直一体化

垂直一体化（vertical integration），又称纵向一体化，是指由经济发展水平不同的国家所形成的一体化。如 1994 年 1 月 1 日成立的北美自由贸易区由经济发展水平不同的发达国家（美国、加拿大）和发展中国家（墨西哥）联系在一起，使建立自由贸易区的国家之间在经济上具有更大的互补性。

三、区域经济一体化的影响

（一）区域经济一体化对内部的影响

1. 促进了区域内部贸易的增长

区域经济一体化通过取消关税，形成区域性的统一市场使区域内部的贸易壁垒进一步消除，为各成员国提供了比非成员国更为优惠的贸易政策和投资环境。生产要素冲破了国界的樊篱，各国的市场都更加开放，使企业获得更广阔的贸易空间和发展机会。各成员国的经济相互渗透、融合，促进了国际分工进一步深化，大大地刺激了区域内部贸易的增长。

2. 促进了产业结构的优化和技术进步

区域经济一体化组织建立后，各成员国经济之间相互开放和融合的程度大大加深，增强了区域内生产要素和产品的自由流动，各国之间的资源得到合理的组合和利用，人力、技术和物力在技术交流和投资合作的过程中互补互利。各成员国为获取更多的经济利益，也因此增加了对本国优势产品的生产和销售，使区域内部竞争加剧，迫使生产企业不得不改善经营管理，更多地采用、研发新技术以应对新的经济形势。区域内的竞争使部分企业或产能被淘汰，由此形成区域内部新的国际分工和生产经营的专业化，使各国产业结构进一步优化，极大地促进了技术进步。

3. 稳定汇率，增强金融安全

一个国家经济的发展，必然需要安全稳定的金融环境，然而，随着金融和资本的国际化，有着巨大规模的国际投机资本不时在国际市场上兴风作浪，面对动辄上万亿美元规模的国际投机资金，对缺乏应对金融风险经验、经济实力又相对弱小的国家来说，是完全无法与富可敌国的国际投机者相抗衡的。实行区域经济一体化，有助于共同稳定汇率，防范金融危机，抵御国际资本发起的货币战争。同时，区域经济一体化使产品的生产和流通费用降低，市场商品供应量增加，有利于物价的稳定和通货膨胀的控制，这从另一个角度保障了金融的稳定。

4. 有利于经济一体化国家整体贸易地位的提高

经济薄弱国家难以在国际市场竞争中立足。成立区域经济一体化组织，通过多国联合增强竞争实力，是摆脱困境的捷径。对贫困国家而言，区域经济一体化是增强综合经济实力的途径。例如欧洲共同体的成立旨在与美国和苏联抗衡。区域经济一体化汇集成员国力量，形成统一协调行动，提升同盟地位。

5. 成员国经贸政策的自主权受到一定约束

区域经济一体化前，成员国贸易政策自主。为建立共同市场，需让渡权力。集团内实现商品、生产要素和服务自由流动。国际协调渗透各成员国经贸政策制定，如外汇体制、产业政策、税率、金融法规和学历承认等。成员国需遵守规范、承担义务，协调实施步伐和利益分配，使经济自主权受约束。

(二) 区域经济一体化对外部的影响

1. 区域经济一体化推动了经济全球化

区域经济一体化建立后，使区域经济的活力增强，促进各成员国的经济加速发展，从而产生了更为强劲的对外需求，这就在一定程度上促进了世界贸易总量的增长。同时，区域经济一体化组织相互重叠。一个国家可能既是这个区域组织的成员，也是另一个组织的成员国，它在国际经济中实际上起到了桥梁的作用，可以加强其他国家之间的相互沟通和合作，从而推动经济全球化的发展。

2. 改变了世界经济格局

自欧共体成立以来不断地探索和尝试，采取了一系列推进区域经济一体化的举措，使对外贸易得到迅猛发展。北美自由贸易区、欧盟和亚太三大区域经济逐步形成了世界最大的三大地区经济圈，改变了世界经济的发展格局。

3. 为区域外国家带来的机会

统一的区域市场创立后可以提供更多的投资机会，使原本受保护的市场也放开了对外来竞争的限制。由于区域经济一体化在技术开发领域创造的新成果随着贸易和投资会向区域外国家扩散，使非成员国也能在一定程度上享受到该区域组织发展所带来的效益。

4. 改变了国际直接投资的地区流向

由于贸易转移影响，原来以出口方式进入市场的外国跨国公司，因受到区域集团贸易壁垒的阻碍而改为直接投资取代出口，到一体化区域内直接进行生产，这样可以绕过进口国关税和非关税壁垒，以保护以前通过出口所占的市场。

5. 对非成员国经贸活动的不利影响

由于区域经济一体化都具有对内开放、对外保护的特征，这就必然对非成员国建立起贸易壁垒，使区域外非成员国受到歧视和排斥而难以进入该区域的市场，扩大内部贸易往往是以牺牲与区域外国家的部分贸易额为代价的。历史数据也可以证明这一点。

总之，区域经济一体化对世界经济与贸易产生了巨大的影响，虽然一部分贸易转移带来了一定的不利影响，但总体而言，对世界经济起到了积极的促进作用，各成员国经济也因区域一体化的建立得到迅速发展。因此，只要正确把握区域经济组织所带来的贸易创造、贸易转移和扩散效应的变化，就一定能在区域经济合作中获得更大的经济效益，进而为全球经济的增长做出贡献。

四、区域经济一体化组织

(一) 欧洲联盟

欧洲联盟（European Union，EU，简称欧盟），总部设在比利时首都布鲁塞尔，它是欧洲多国共同建立的政治和经济联盟，由欧洲共同体发展而来。创始成员国有六个，分别为德国、法国、意大利、荷兰、比利时和卢森堡。如今，它已经拥有 27 个会员国，并且正式的官方语言达到了 24 种。

在组织架构上，欧洲联盟的主要机构包括欧洲理事会（又被称为欧盟首脑会议或欧盟峰会），这是欧盟的最高决策机构。

此外，值得一提的是，成员国已将部分国家主权交给了组织，这主要体现在经济方面，如货币、金融政策、内部市场以及外贸等领域。这种合作模式使欧洲联盟在很多方面越来越像一个联邦制的国家。

欧盟已经形成了一个单一市场，制定了标准化的法律制度，适用于所有会员国，保证人、货物、服务和资本的迁徙自由。

（二）北美自由贸易区

北美自由贸易区（North American Free Trade Area，NAFTA），是一个以美国为核心的南北区域性经济组织。这个自由贸易区成员包括美国、加拿大和墨西哥，三国于1992年8月12日就《北美自由贸易协定》达成一致意见，并于同年12月17日由三国领导人分别在各自国家正式签署。1994年1月1日，协定正式生效，北美自由贸易区宣布成立。协定的宗旨是，取消贸易壁垒；创造公平的条件，增加投资机会；保护知识产权；建立执行协定和解决贸易争端的有效机制，促进三边和多边合作。

在北美自由贸易区内，美国占据绝对的主导地位，不仅是该自由贸易区的倡导者，而且在贸易区的运行中具有主导和支配地位。北美自由贸易区的宗旨是取消贸易壁垒，创造公平的投资机会，保护知识产权，并建立执行协定和解决贸易争端的有效机制，从而促进三边和多边合作。

北美自由贸易区的组织机构体系，包括了自由贸易委员会、秘书处、专门委员会、工作组、专家组、环境合作委员会、劳工合作委员会、各国行政办事处、北美发展银行和边境环境委员会。

（三）亚太经济合作组织

亚太经济合作组织（Asia—Pacific Economic Cooperation，APEC），简称亚太经合组织，成立于1989年，是亚洲—太平洋地区级别最高、影响最大的区域性经济组织。1991年11月，在首尔亚太经合组织第三届部长级会议上通过的《汉城宣言》，正式确定该组织的宗旨和目标：相互依存，共同受益，坚持开放性多边贸易体制和减少区域内贸易壁垒。1993年6月改名为亚太经济合作组织，简称亚太经合组织或APEC。

亚太经济合作组织的宗旨是：保持经济的增长和发展；促进成员之间经济的相互依存；加强开放的多边贸易体制；减少区域贸易和投资壁垒，维护本地区人民的共同利益。

中国作为亚太经济合作组织的重要成员国，一直坚定不移地扩大对外开放，与世界和亚太各成员分享中国发展的机遇。我们期待深化亚太经合组织框架内的合作，推进亚太自由贸易区进程，落实布特拉加亚愿景，全面深入参与世贸组织改革，推动《区域全面经济伙伴关系协定》《全面与进步跨太平洋伙伴关系协定》《数字经济伙伴关系协定》等相互衔接，构建开放型世界经济。

（四）东南亚国家联盟

东南亚国家联盟是东南亚地区的一个国际组织。新加坡及马来西亚通行把英语的缩写

"ASEAN"音译为亚细安，我们一般称其为东南亚国家联盟，简称东盟。

东南亚国家联盟的前身是由马来西亚、菲律宾和泰国三国于 1961 年 7 月 31 日在曼谷成立的东南亚联盟。1967 年 8 月 7 日至 8 日，印度尼西亚、新加坡、泰国、菲律宾四国外长和马来西亚副总理在泰国首都曼谷举行会议，发表了《东南亚国家联盟成立宣言》，即《曼谷宣言》，正式宣告东南亚国家联盟（Association of Southeast Asian Nations）的成立。成立几十年来，东南亚国家联盟已日益成为东南亚地区以经济合作为基础的政治、经济、安全一体化合作组织，并建立起一系列合作机制。

东南亚国家联盟的宗旨和目标是本着平等与合作精神，共同促进本地区的经济增长、社会进步和文化发展，为建立一个繁荣、和平的东南亚国家共同体奠定基础，以促进本地区的和平与稳定。

几十年来，东南亚国家联盟不仅在经济实力和影响力方面不断得到加强，而且在地区和国际事务中也发挥着越来越重要的作用。

（五）石油输出国组织及其他

石油输出国组织，简称"欧佩克"。石油输出国组织是一个自愿结成的政府间组织，对其成员国的石油政策进行协调、统一。1960 年 9 月，伊朗、伊拉克、科威特、沙特阿拉伯和委内瑞拉的代表在巴格达开会，决定联合起来共同对付西方石油公司以及反对国际石油垄断资本的控制与剥削，维护石油收入。1960 年 9 月 14 日，五国宣告成立石油输出国组织，总部设在维也纳。1962 年 11 月 6 日，石油输出国组织在联合国秘书处备案，成为正式的国际组织。同时，随着成员的增加，石油输出国组织发展成为亚洲、非洲和拉丁美洲一些主要石油生产国的国际性石油组织。

石油输出国组织宗旨：协调和统一各成员国的石油政策，并确定以最适宜的手段来维护它们各自和共同的利益。

石油输出国组织主要机构：大会，是最高权力机关；理事会，负责执行大会决议和指导该组织的管理；秘书处，在理事会指导下主持日常事务工作。秘书处内设有一专门机构——经济委员会，协助该组织把国际石油价格稳定在公平合理的水平上。

为使石油生产者与消费者的利益都得到保证，石油输出国组织实行石油生产配额制。为防止石油价格飙升，石油输出国组织可依据市场形势增加其石油产量；为阻止石油价格下滑，石油输出国组织则可依据市场形势减少其石油产量。

第二节 国际贸易条约与协定

一、国际贸易条约与协定概述

（一）国际贸易条约与协定的含义

国际贸易条约与协定，是两个或两个以上的国家之间、国家与国际组织之间，以及国际组织之间依据国际经济法所缔结的，以条约、公约、协定和协议等名称出现的，以调整国际贸易关系为内容的一切有法律约束力的文件。一般地，国际贸易条约作为国际经济法的渊源，其约束力仅以其缔约国为限。国际贸易条约可以是双边的，也可以是多边的；前者是指仅有两个缔约方的国际贸易条约，后者是指有三个或三个以上缔约方的国际贸易条约。

广义的国际贸易条约，是国家之间（包括民间团体）在贸易关系方面缔结的各种书面协议的总称；如通商航海条约、贸易协定、换货协定、支付协定、贸易议定书、换文和各种公约、规则，其内容、名称虽不同，但都有法律效力。狭义的国际贸易条约，仅指以条约、公约及协定、协议名称缔结的关于贸易关系方面的书面协议；主要是大型的或综合性的贸易协议，并以国家或政府首脑的名义由国家或政府首脑特派全权代表签订，按缔约国法律程序完成批准手续后才能生效。

国际贸易条约是国际条约的一种，也是一国对外贸易政策的措施之一，它反映缔约国的对外政策和对外贸易政策，并为实施其政策服务。

（二）一般特性

1. 国家是主体

国际贸易条约与协定的主体只能是国家。而自然人与自然人之间、法人与法人之间、国家与法人或自然人之间达成的有关协议，无论其内容或性质何等重要，都不能成为国际贸易条约与协定或其组成部分。

2. 国际法为准则

必须符合国际法是国际贸易条约与协定合法性的根本标志，否则就不具有法律约束力，这成为判断国际贸易条约与协定是否平等、是否具有权威性的基础。

3. 规定主体之间的权利义务关系

国际贸易条约与协定规定了缔约国之间经济贸易交流中的权利义务关系。

4. 书面形式表达

条约与协定的内容要形成文字，作为一个书面文件出现。国际贸易条约与协定的内容涉及缔约国之间的经济利益和国家政策，如果不把达成的协议用准确的文字记载下来，则不能保证缔约国如实履行条约。

（三）　独有特性

国际贸易条约与协定和其他政治性的国际条约相比，又有自己的特殊之处。根据国际惯例，在没有正式建立外交关系的国家之间，不能签订政治性条约，但可签订双边贸易条约与协定。在很多情况下，双边贸易条约与协定的缔结，往往为外交关系的建立创造了有利的先行条件。

（四）　与国内政策的约束关系

国际贸易条约与协定是一个国家实现其对外贸易政策的重要措施之一，同关税措施、非关税措施等对外贸易的措施相比，有其不同之处。关税等对外贸易措施属于国内法范畴，而国际贸易条约与协定受到国际法规范的约束。但是二者之间有着密切的关系，彼此应相互配合。国内的立法和行政措施是一国同他国进行贸易条约与协定谈判的基础。当一国的立法和行政措施同其他国家发生利益冲突时，就必须通过双边或多边谈判，采取协议的方式进行解决。

二、国际贸易条约和协定的类型

（一）　双边贸易条约与协定

常见的双边贸易条约与协定有通商航海条约、贸易协定、贸易议定书、支付协定、关税协定、政府间大量商品供应和购买协定、贷款协定等。

1. 通商航海条约

通商航海条约（treaty of commerce and navigation）又称友好通商条约，即狭义的贸易条约，是指全面规定缔约国之间经济、贸易关系的条约。它的内容涉及缔约国经济和贸易关系的各个方面，包括关税的征收、海关手续、船舶航行、使用港口、双方公民与企业在对方国家所享受的待遇、知识产权的保护、进口商品征收国内税、过境、铁路、争端仲裁、移民等。

由于贸易条约的内容关系到国家的主权与经济权益，因此，这种条约是由国家元首或他的特派全权代表以国家的名义签订的。双方代表在条约上签字之后，还须按有关缔约国的法律程序完成批准手续，缔约国之间互相换文后才能生效。有效期限一般比较长。

2. 贸易协定

贸易协定（trade agreement）是缔约国之间为调整和发展相互之间的经济贸易关系而签订的书面协议。其特点是，与贸易条约相比，所涉及的面比较窄，对缔约国之间的贸易关系往往规定得比较具体，有效期较短，签订程序也较简单，一般只需经签字国的行政首脑或其代表签署即可生效。

3. 贸易议定书

贸易议定书（trade protocol）是缔约国就发展贸易关系中某项具体问题所达成的书面协议。这种议定书往往是作为贸易协定的补充、解释或修改而签订的，内容较为简单，其签订程序比贸易协定更为简单，一般经签字国有关行政部门的代表签署后即可生效。

4. 支付协定

支付协定（payment agreement）是两国之间关于贸易和其他方面债权、债务结算办法的书面协议。它是各国实行外汇管制的产物。在货币不能自由兑换的条件下，双边的债权债务只能在双边范围内结算，为此，需要签订支付协定的办法来解决两国之间的债权债务的清偿。支付协定有双边和多边之分，大多数是双边支付协定。

5. 国际商品协定

国际商品协定（international commodity agreement）是指某种商品的主要生产出口国之间，或者主要生产国与主要进口国之间为了稳定或者操纵该种商品的世界市场价格，获得足够的垄断利润，保证世界范围内的供求基本平衡而签订的多边国际协议。

6. 商品综合方案

商品综合方案是在 1976 年联合国贸易与发展会议第四届大会上通过的。主要是为了解决发展中国家初级产品贸易问题。

（二）多边贸易条约与协定

两个以上国家或单独关税区签订的贸易条约和贸易协定称为多边贸易条约与协定，如《关税与贸易总协定》，商品生产国和消费国签订的国际商品协定。

三、国际贸易条约与协定所适用的主要法律条款

（一）最惠国待遇条款（most—favored nation treatment，MFNT）

最惠国待遇条款是指缔约国一方现在和将来给予任何第三国的一切特权、优惠和豁免，也同样给予对方。最惠国待遇原则是从国际法中国家平等原则派生出来的，是国家平等原则在经贸关系上的具体使用。在国际贸易条约与协定中，依据最惠国待遇原则而制定的条款称为"最惠国待遇条款"。

1．特征

（1）最惠国待遇一般是相互给予的。

（2）最惠国待遇一般是平等的待遇，而不是享有独有的特殊利益。

（3）缔约国双方对最惠国条款所规定的特权、优惠和豁免必须是自动地适用于缔约国对方，而不另外需要对方的申请手续和法律程序。

（4）缔约国根据最惠国待遇条款给予缔约国对方的特权、优惠和豁免，在时间上不仅包括以往在缔约前所给予任何第三国而现时仍继续有效的一切特权、优惠和豁免，同时也包括缔约以后在条约有效期内给予任何第三国的一切特权、优惠和豁免。

（5）最惠国待遇条款在国际惯例上是经济和贸易性的条款，如条约与协定无特殊规定，将不适用于经济和贸易关系以外的事项。

2．分类

（1）无条件式（欧洲式或英国式）最惠国待遇条款。无条件式的最惠国待遇条款是指，凡缔约国一方现在或将来给予任何第三国的特权、利益、优惠和豁免，缔约国对方无须提出任何补偿作为交换而立即无条件地享受同样的特权、利益、优待和豁免。

（2）有条件式（美洲式或美国式）最惠国待遇条款。有条件式最惠国待遇条款是指，如果缔约国一方现在或将来给予任何第三国的优惠是有条件的，那么缔约国另一方必须提供同样的补偿才能享受这种优惠。

3．适用范围

（1）一切与进出口商品有关的关税与费用。

（2）与进出口有关的国际支付转账所征收的关税和费用。

（3）征收上述税、费的方法。

（4）与进出口相关的所有规章和手续方法。

（5）与进出口相关的国内税或其他国内费用的征收。

（6）任何影响进口商品在进出口国国内销售、购买、提供、运输、分销等方面的法律、规章及要求等。

4. 限制和例外

最惠国待遇条款的限制是指在贸易条约和协定所规定的理由存在时，不适用该条款。例如，在关税方面的最惠国待遇只限于某些商品，或最惠国待遇条款只包括缔约国的某些地区等。

最惠国待遇条款的例外是指在贸易条约和协定所规定的某些场合下，不适用最惠国待遇。常见的有：①边境贸易；②关税同盟；③沿海贸易和内河航行；④多边国际条约或协定承担的义务；⑤区域性特惠条款；⑥其他例外，如沿海捕鱼、武器进口、金银外币的输出入以及文物、贵重艺术品的出口限制和禁止等，也常作为例外。

（二）国民待遇原则

1. 含义

国民待遇原则指在民事权利方面一个国家给予在其境内的外国公民和企业与其国内公民、企业同等待遇，而非政治方面的待遇。

国民待遇原则是最惠国待遇原则的重要补充。在实现所有世贸组织成员平等待遇基础上，世贸组织成员的商品或服务进入另一成员领土后，也应该享受与该国的商品或服务相同的待遇，这正是世贸组织非歧视贸易原则的重要体现。国民待遇原则严格讲就是外国商品或服务与进口国内商品或服务处于平等待遇的原则。

2. 基本要求

国民待遇原则就是缔约双方相互承诺，保证对方的公民、企业和船舶在本国境内享有与本国公民、企业和船舶同等的待遇。其基本要求是：缔约一方根据条约的规定，应将本国公民、企业和船舶享有的权利和优惠扩及缔约对方在本国境内的公民、企业和船舶。

3. 适用范围

其适用范围通常包括：外国公民的私人经济权利、外国产品应缴纳的国内税、利用铁路运输转口过境的条件、船舶在港口的待遇、商标注册、著作权及发明专利权的保护，等等。

4. 适用例外

国民待遇条款的适用是有一定范围的，并不是将本国公民或企业所享有的一切权利都包括在内，例如，沿海航行权、领海捕鱼权、土地购买权、零售贸易权以及充当经纪人通常不包括在内，一般也都不给予外国侨民或企业，只准本国公民或企业享有。

（三）互惠待遇原则

互惠待遇又称互惠权利。从形式上看，互惠待遇是一种差别待遇。互惠协定是双边协定，但在国际上普遍缔结最惠国待遇条款的条件下，尤其是在 1947 年关贸总协定和世贸组织中，互惠待遇实际上具有最惠国待遇和多边协定的特点，即成员双方给予的互惠待遇，通过最惠国待遇，其他成员方同样享受。从内容上看，成员方之间给予的优惠待遇，需要规定具体内容。最惠国待遇条款仅规定相互给予任何第三方同样的优惠待遇，并不规定具体内容，因此，互惠待遇成为最惠国待遇具体适用的条件。

互惠待遇原则的基本要求是：缔约双方根据协议相互给予对方的法人或自然人对等的权利和待遇。这项原则不能单独使用，必须与其他特定的权利或制度的内容结合在一起，才能成为独立的单项条款。

第三节 世界贸易组织/WTO

一、世界贸易组织的产生背景

世界贸易组织（World Trade Organization，WTO），是根据乌拉圭回合多边贸易谈判达成的《建立世界贸易组织协定》而建立的正式的国际经济组织。

世界贸易组织的前身是 GATT。由于 GATT 在法律地位、职能范围、管辖内容和运行机制等方面的局限性，使它越来越不适应国际贸易的发展。因此早在 20 世纪 50 年代后期，联合国经济及社会理事会曾提出在联合国主持下建立国际贸易组织的构想，20 世纪 60 年代、70 年代、80 年代，建立世界贸易组织的呼声从未停止过。乌拉圭回合多边贸易谈判以来，建立国际贸易组织的问题更加引起普遍关注。乌拉圭回合谈判后期，许多实质性重要议题已基本达成协议，如何执行这些协议、采取何种组织框架是成员国方更加关心的议题。欧共体、加拿大、瑞士、美国等先后提出方案，经过多次谈判，1991 年 12 月 20 日在乌拉圭回合谈判中正式形成建立"多边贸易组织"的决定。1994 年 4 月马拉喀什部长会议签署了乌拉圭回合文件和《建立世界贸易组织协定》，并决定于 1995 年 1 月 1 日正式生效，世界贸易组织就这样诞生了。

二、《建立世界贸易组织协定》的主要内容与基本原则

《建立世界贸易组织协定》由序言、条款和附件组成。主要规定了 WTO 的宗旨和目标、职能、组织机构及法律地位等内容。

(一) 宗旨和目标

提高生活水平，保证充分就业和大幅度、稳步提高实际收入和有效需求；扩大货物和服务的生产与贸易；坚持走可持续发展之路，各成员方应促进对世界资源的最优利用、保护和维护环境，并以符合不同经济发展水平下各成员需要的方式，加强采取各种相应的措施；积极努力确保发展中国家，尤其是最不发达国家在国际贸易增长中获得与其经济发展水平相适应的份额和利益；建立一体化的多边贸易体制；通过实质性削减关税等措施，建立一个完整的、更具活力的、持久的多边贸易体制；以开放、平等、互惠的原则，逐步调降各会员国关税与非关税贸易障碍，并消除各成员方在国际贸易上的歧视待遇。

(二) 组织机构和法律地位

WTO 不同于 GATT，它是一个世界性的法人组织，有一整套的组织机构。

1. 部长会议

部长会议是最高权力机构，它由各成员代表组成，至少每 2 年召开一次会议，其职责是履行 WTO 的职能并为此采取必要行动。

2. 总理事会

总理事会是部长会议下设机构，由各成员方代表组成，在部长会议休会期间代行其职能。总理事会下设争端解决机构、贸易政策机构、评审机构及其他附属机构，如货物贸易理事会、服务贸易理事会、知识产权理事会。

3. 理事会

理事会是总理事会附属机构，包括货物贸易理事会、服务贸易理事会和知识产权理事会。货物贸易理事会负责各项货物贸易协议的执行，服务贸易理事会监督服务贸易协议的执行；知识产权理事会监督与管理有关的知识产权协议的执行。

(三) 世界贸易组织的基本原则

世界贸易组织的基本原则贯穿其各个协定和协议中，构成了多边贸易体制的基础。这

些基本原则包括：

非歧视原则：各成员方应平等对待其他成员方，不得以任何方式歧视其他成员方。

自由贸易原则：各成员方应按照最惠国待遇原则和国民待遇原则，逐步降低关税和非关税壁垒，促进贸易自由化。

透明度原则：各成员方应公布所制定和实施的贸易措施及其变化情况，没有公布的措施不得实施，同时还应将这些贸易措施及其变化情况通知世贸组织。

公平竞争原则：各成员方应遵守公平竞争原则，不得采取扭曲市场竞争的措施。

经济发展原则：各成员方应促进对世界资源的最优利用、保护和维护环境，并以符合不同经济发展水平下各成员需要的方式加强采取各种相应措施。

（四）世界贸易组织的管辖范围和职能范围

1. 管辖范围

（1）有关货物贸易的13个多边协议。具体包括：1994年《关贸总协定》《农业协议》《关于卫生和动植物检疫措施协议》《纺织品与服装协议贸易的技术性壁垒协议》《与贸易有关的投资措施协议》《反倾销协议》《海关估价协议》《装船前检验协议》《原产地协议》《进出口许可证协议》《补贴与反补贴协议》《保障措施协议》。

（2）《服务贸易总协定》及附件。《服务贸易总协定基础电信服务协定》《金融服务协定》及其他附件。

（3）《与贸易有关的知识产权协定》，该协定制定了世界贸易组织范围内加强知识产权国际保护的有关原则和具体实施措施，包括对版权、商标权、专利权等的规定。

（4）《贸易争端解决程序与规则的谅解》。

（5）贸易政策审议机制。

《信息技术协议》，世界贸易组织40多个成员参加，旨在努力实现290多个税号的信息技术产品零关税的目标。

诸边贸易协定。世界贸易组织成员可以自愿选择参加的协议，只有参加方才受这些协议的约束，包括《政府采购协议》《民用航空器贸易协议》《国际奶制品协议》《国际牛肉协议》等。

2. 职能范围

（1）组织实施世界贸易组织负责管辖的各项贸易协定、协议，积极采取各种努力实现各项协定、协议的目标，并对所辖的不属于"一揽子"协议项下的诸边贸易协议的执行管理和运行提供组织保障。

（2）为成员提供贸易谈判的场所和谈判成果执行的机构。

（3）解决各成员之间发生的贸易争端，负责管理争端解决的协议。

（4）对各成员的贸易政策、法规进行定期评审。

（5）协调与国际货币基金组织和世界银行等国际经济组织的关系，保障全球经济决策的凝聚力和一致性，避免政策冲突。

（五）世界贸易组织机构

世界贸易组织是一个独立于联合国的永久性国际组织，其总部位于瑞士日内瓦。世贸组织的主要机构包括：

部长级会议：这是世贸组织的最高决策机构，由所有成员国主管外经贸的部长、副部长级官员或其全权代表组成，通常每两年举行一次会议，以讨论和决定全球贸易政策和发展问题。

总理事会：在部长级会议期间，总理事会承担世界贸易组织的日常工作和决策任务。总理事会由所有成员国的代表组成，通常每年至少举行两次会议。

各个专门委员会：这些委员会负责处理特定的贸易问题，例如货物贸易、服务贸易和知识产权等。

争端解决机构：争端解决机构是世贸组织中处理贸易争端的核心机构，对成员之间的贸易争端进行调解和裁决。

贸易政策审查机构：贸易政策审查机构定期审查各成员的贸易政策，以确保其符合世贸组织的规定和目标。

（六）世界贸易组织建立后的作用

世界贸易组织自 1995 年成立以来，在促进全球贸易自由化、解决贸易争端和推动经济发展等方面发挥了重要作用。

首先，WTO 通过制定和实施一系列贸易规则和协议，促进了全球范围内的贸易自由化。这些规则和协议涵盖了货物贸易、服务贸易和知识产权等多个领域，为各成员国提供了一个公平、透明和非歧视性的贸易环境。通过降低关税壁垒、减少非关税壁垒和消除歧视性待遇，WTO 帮助推动了全球贸易的发展，促进了全球经济的增长。

其次，WTO 建立了一套有效的争端解决机制，为各成员国提供了一个公正、快速和有效的争端解决平台。当成员国之间发生贸易争端时，可以通过 WTO 的争端解决机构进行调解和裁决。这种机制有助于维护各成员国的合法权益，避免贸易争端升级为贸易战，从而维护了全球贸易秩序的稳定。

最后，WTO 还通过提供技术援助和培训，帮助发展中国家更好地融入全球贸易体系。这些援助和培训项目涵盖了贸易政策、法律和规则等方面，旨在提高发展中国家的贸易能力和竞争力。通过这种方式，WTO 促进了全球经济的平衡发展，缩小了发达国家与发展中国家之间的经济差距。

总之，世界贸易组织在促进全球贸易自由化、解决贸易争端和推动经济发展等方面发挥了重要作用。然而，随着全球经济格局的变化和新的挑战的出现，WTO 也需要不断改革和完善，以适应新的形势和需求。

第五章 国际货物运输的实践思考

第一节 国际货物概述

一、国际货物的名称

(一) 货物名称的含义

货物名称（name of Commodity）是指能使某种货物区别于其他货物的一种称呼。它能反映商品的自然属性、用途、特性等。

在国际贸易中首先要确定的交易条件，一般是凭借对拟进行买卖的商品作必要的描述来确定交易的标的。对交易标的物的描述是构成商品说明的主要组成部分，是买卖双方交接货物的一项依据，它关系到买卖双方的权利和义务。好的商品名称能促进消费，激发消费者的购买欲望，有利于买卖合同的签订。

(二) 货物的命名

货物的命名方法主要有以下几种。

以商品的主要用途命名。这种方法既强调了商品的主要用途，又可使消费者便于购买，如电视机、网球鞋等。

以商品的主要成分或原料命名。这种方法既便于消费者了解商品的成分及含量，又能体现商品的质量，如羊绒衫、蜂王浆、铁锅等。

以商品产地、特殊原料命名。这种方法既可以与其他商品相区别，又可提高该商品的知名度，如烟台苹果、东北大豆、崂山矿泉水、五粮液等。

以商品产地名胜古迹、著名人物、传说命名。这种方法既可利用名胜、人物已有的知名度来提高商品的知名度，又可与其他商品相区别，如西湖龙井茶、孔府家酒等。

以商品自身显著实体形态命名，如方桌、小绿豆、带鱼等。

以制作工艺命名。这种方法有利于客户了解该商品的制作特征，增强对商品的信任，如二锅头烧酒。

二、国际货物的品质

（一）品质的重要性

商品品质是指商品的内在质量和外观形态的综合。内在质量指商品的物理性能、化学成分、生物的特征及成分等内在素质；外观形态指商品的造型、结构、色泽及味觉等技术指标或要求。

（二）对商品品质的要求

1. 对出口商品品质的要求

根据不同的国外市场和不同的消费者需求来确定商品质量。由于国外市场需求不断变化，所以出口的商品品质、规格、花色、样式等应适应国外有关市场的消费习惯和消费水平。搞好产销结合，使出口商品适销对路。

2. 对进口商品品质的要求

凡品质、规格不符合要求的商品不应进口。对确须进口的商品，其品质、规格不应低于国内的实际需要以免影响国内的生产、消费与使用。在订立合同时要注意对商品品质要求的严密性，避免疏忽而造成损失。要防止进口那种危害国家安全和社会公共利益的商品、破坏环境的商品，以及影响人民健康的商品。

三、国际货物的数量

（一）货物数量的重要性

在国际货物买卖中，货物的数量是国际货物买卖合同中的主要交易条件之一，对买卖双方顺利达成交易、合同的履行具有重要意义。货物的数量是指以一定的度量衡表示商品的重量、个数、长度、面积、体积、容积的量。数量的多少直接关系交易价格的高低以及总贸易量对市场的影响。根据《联合国国际货物销售合同公约》的规定，卖方所交付货物的数量必须与合同规定相符。如卖方所交付货物的数量小于合同规定的数量，买方有权拒收货物；反之，卖方所交货物的数量如大于合同规定的数量，买方除了可以拒收超额部分，也可以全部拒收。另外买卖双方应在彼此可能的情况下达成买卖商品数量，而不能为了追求数量忽视市场的容量、客户的信用度、支付能力或配额等限制。

（二）商品数量的计量方法

在国际贸易中，由于商品的种类和性质不同，计量的方法也不同，还有各国采用的度量衡制度也不同，所以买卖双方应熟悉各种计量单位和计量方法。

1. 国际度量衡制度

各国采用度量衡制度不同，使用的计算数量的单位也不同。目前国际贸易中使用比较广泛的度量衡制度有：国际单位制，代号"SI"（international system of units）；公制（the metric system）；英制（the british system）；美制（the US system）。

2. 计量单位

商品的计量单位是表示商品数量的方法。通常采用的计量单位名称及适用的商品有以下几种：重量（weight）、数量（number）、长度（length）、面积（area）、体积（volume）、容积（capacity）。

四、国际货物的包装

商品包装是指在商品流通过程中为了保护商品、方便储运、促进销售，按一定技术方法而采用的容器、材料及辅助物等的总体名称；也指为达到上述目的而采用容器、材料和辅助物的过程中施加一定技术方法等的操作活动。

现代商品包装反映了商品包装的商品性、手段性和生产活动性。商品包装是社会生产的一种特殊商品，本身具有价值和使用价值，同时又是实现内装商品价值和使用价值的重要手段。商品包装的价值包含在商品的价值中，优质的包装能带来巨大的经济效益。商品包装是商品生产的重要组成部分，绝大多数商品只有经过包装，才算完成它的生产过程，才能进入流通和消费领域。

商品包装是依据一定商品的属性、数量、形态以及储运条件和销售的需要，采用特定的包装材料和技术方法，按设计要求创造出来的造型和装饰相结合的实体。它具有技术和艺术双重特性，具有体积性、形态性、层次性和整体性等多方面的特点。

商品包装在一定程度上反映出一个国家的生产水平，包装生产部门已成为一个重要的工业部门。商品包装是保护商品在流通领域中品质完好和数量完整的重要措施。优良的包装能反映出我国生产、科学技术和文化艺术的新成就。所以，出口商品包装的好坏直接关系到出口商品的销售和我国商品的信誉。

第二节　国际货物运输方式

在国际贸易中，货物从出口国转移到进口国，必须通过运输来实现。因此，出口商在商品出口时必须根据本公司商品的情况和各种运输的特点来选择最佳的运输途径和运输方式，并按规定履行交货义务，取得有关单据议付货款。

一、海洋运输

海洋运输（ocean transport）是指利用商船在国内外港口之间通过一定的航区和航线进行货物运输的一种方式。目前海运量在国际货物运输总量中占80%以上。海洋运输具有货物运量大、运费低、不受道路和轨道限制等优点。但是海洋运输也有速度较慢、海上自然风险较大、船期不准确的缺点。按照海洋运输经营方式不同，海洋运输可分为班轮运输和租船运输。

（一）班轮运输

班轮运输（liner shipping）又称定期船运输，是指船舶在固定的航线上和港口间，按事先公布的船期表和运费率航行，从事客货运输业务的一种运输方式。

1. 班轮运输的特点

（1）"四固定"，即固定的船期、固定的航线、固定的港口、相对固定的运费率。

（2）运费中包括装卸费。

（3）承运货物比较灵活，不论数量、品种，只要有舱位就可以接受。尤其对国际贸易中的杂货、零星货的运输更为适宜。

（4）船方或其代理人签发的提单是承运人与托运人之间的运输契约，船主与货主的权利和义务以班轮提单为依据。

2. 班轮运费

班轮运费（liner freight）是承运人为承运货物而向托运人收取的费用。计算运费的单价或费率称为班轮运价。

班轮运费由基本运费和附加费构成。基本运费是从装运港到目的港的基本费用，它构成班轮费用的主体。

（1）基本运费：①按货物的毛重计收，又称重量吨，在运价表内货物名称后用"W"表示。②按货物的体积（容积）计收，又称尺码吨，在运价表内货物名称后用"M"表示。③按货物的毛重或体积（容积）计收，在运价表内货物名称后用"W/M"表示。④按货物的价格计收，又称从价运费，在运价表内货物名称后用"A，V，"或"Ad，Val"表示。即以货物 FOB 价的百分之几收费，一般不超过 5%。适用于古玩、机密仪器等高价格物品。⑤按货物的毛重、体积或从价计收，在运价表内货物名称后用"W/MorA，V，"表示。⑥按货物的毛重或体积计价并从价计收，在运价表内货物名称后用"W/MPlusA，V，"表示。⑦按货物的件数计收，在运价表内货物名称后用"Perunit"表示。⑧按船货双方临时议定的价格计收，在运价表内货物名称后用"Open"表示。适用于大宗、低值货物，如粮食、煤炭、矿石等。

（2）附加费。

附加费是指对一些需要特殊处理的货物或由于客观情况的变化等使运输费用大幅度增加，班轮公司为弥补损失而格外加收的费用。附加费的种类很多，而且随着客观情况的变化而变化。以下为几种常见的附加费：①超重附加费；②超长附加费；③选卸附加费；④直航附加费；⑤转船附加费；⑥港口附加费；⑦燃油附加费；⑧绕航附加费。

（二）租船运输

租船运输（charter shipping）又称不定船期运输，是指船舶所有人以获取租金为目的，按照一定条件把船舶租给承租人用于运输货物的业务。租船运输适合于大宗货物。

1. 租船运输的特点

（1）船舶的航行时间、航线和停泊的港口由船舶的所有人和承租人在租船合同中约定。

（2）运价和租金按船舶市场行市变化而定。货物装卸费和船期延误费在租船合同中作出明确规定。

（3）以租船合同作为确定双方权利和义务的依据。

2. 租船运输的方式

（1）定程租船（voyage charter）又称航次租船，是指所租船舶在指定港口之间进行一个或数个航次的租船运输。

（2）定期租船（time charter）又称期租船，是指船舶所有人将船出租给承租人，供其使用一定时期的租船方式。

（3）光船租船（bare boat charter），是指船舶所有人将船舶出租给承租人使用一个时期，但是所提供的船舶没有配备船员并且由承租人自己负责船舶管理所需的一些费用，相当于一种财产租赁。

二、集装箱运输

集装箱运输（container transport）是以集装箱作为运输单位进行货物运输的现代运输方式。它适用于海洋运输、铁路运输及国际多式联运。

（一）集装箱运输的特点

集装箱运输的特点包括：提高装卸效率，扩大港口吞吐能力；节省包装用料和费用，降低营运成本，减少运杂费用；减少货损、货差，提高货运质量；简化货运手续，便利货物运输。

（二）集装箱应具备的条件

第一，能长期反复使用，具有足够的强度。

第二，在一种或多种运输方式中运输时无须中途换装。

第三，能快速装卸，设有便于从一种运输方式转换到另一种运输方式时装卸和搬运的装置。

第四，便于货物装满或卸空。

第五，具有一立方米或一立方米以上的容积。

（三）集装箱的分类

按用途集装箱可分为以下几种：①干货集装箱。②液体集装箱。③散装集装箱。④散装粉状货集装箱。⑤通风集装箱。⑥冷藏集装箱。⑦保温集装箱。⑧平台集装箱、框架集装箱和开顶集装箱。

（四）集装箱运输的方式

1. 集装箱货物装箱方式

根据集装箱货物装箱数量和方式不同，装箱方式可分为整箱货和拼箱货两种。

（1）整箱货，是指由发货人负责装箱、计数、填写装箱单，并由海关加铅封的货。

（2）拼箱货，是指装不满一整箱的小票货物。

2. 集装箱货物交接方式

集装箱货物交接方式有以下四种。

（1）整箱交、整箱接。是指发货人以整箱交货，而收货人以整箱接货。该方式能发挥集装箱运输的优越性，效果最好。

（2）拼箱交、拆箱接。是指发货人拼箱交货，各收货人凭单拆箱接货。承运人负责货物的装箱和拆箱。

（3）整箱交、拆箱接。是指交货人以整箱交货，而各收货人凭单拆箱接货。

（4）拼箱交、整箱接。是指各货主以不足整箱的小票货物交承运人，承运人分类整理后，将同一收货人的货物集中拼成整箱，运往目的地，收货人整箱接货。

3. 集装箱货物交接地点

集装箱货物的交接地点一般可分为以下四种。

（1）门到门。是指从发货人工厂或仓库至收货人工厂或仓库。适宜于整箱交、整箱接。

（2）门到场站。是指从发货人工厂或仓库至目的地的集装箱堆场或集装箱货运站。适宜于整箱交、拆箱接。

（3）场站到门。是指从装运地的集装箱堆场或货运站至收货人工厂或仓库。适宜于拼箱交、整箱接。

（4）场站到场站。是指从装运地的集装箱堆场或货运站至目的地的集装箱堆场或货运站。适宜于拼箱交、拆箱接。

三、其他运输方式

（一）铁路运输

铁路运输（rail transport）是指利用铁路进行国际贸易货物运输的一种方式。铁路运输一般不受气候条件的影响，可保障全年的正常运输，而且具有运载量大、速度快、成本低、连续性强、手续简单、风险小等特点和优势，它是国际贸易中仅次于海洋运输的一种主要运输方式。铁路运输可分为国际铁路联运和国内铁路运输两种。

1. 国际铁路联运

国际铁路联运是指使用一份统一的国际联运票据，由铁路负责经过两国或两国以上铁路的全程运送，在由一国铁路向另一国铁路移交货物时不需要发货人和收货人参加的运输。

2. 国内铁路运输

国内铁路运输是指进出口货物在口岸和内地之间的集散。国内货物铁路运输有两种方式。

（1）我国进出口货物铁路运输。它是指我国进出口货物卸船后，经铁路转运全国各地和全国各地出口货物经铁路运至港口装船。

（2）大陆供应港澳地区的货物铁路运输。它是指货物在内地各始发站装车后，运到深圳北站，再由设在深圳的外贸机构通过原车直接过轨至香港九龙车站，该方式是对香港地区铁路货物运输的主要方式；或将货物从大陆通过铁路运至深圳北站，卸车后再转装汽车经文锦渡公路口岸运至香港；或货物从大陆通过铁路运至广州南站，再用驳船转运至香港。大陆与澳门之间没有铁路直通，大陆各地运往澳门的货物，先由铁路运至广州南站，然后再转水运或公路运至澳门。

（二）航空运输

航空运输（air transport）是指利用飞机通过空中飞行在航空港之间运送客货的运输方式。航空运输具有速度快，交货迅速，安全准确，货损率低，节省包装费、保险费和储藏费，航行便利，不受地面条件限制等优点。缺点是运费较高、运量不大。它适宜运送易腐商品、鲜活商品、急需物资和贵重物品。我国航空运输的承运人是中国对外贸易运输总公司。它可以是货主的代理，也可以是航空公司的代理。航空货运的方式有以下四种。

1. 班机运输

班机运输是指有固定时间、固定航线、固定始发站和目的站的飞机运输。一般是客货混合型飞机。

2. 包机运输

包机运输是指包租整架飞机或由几个发货人（航空货运代理）联合包租一架飞机运送货物。包机运输分为整包机和部分包机两种。前者适于大宗货物，后者适于一吨以上不足一整架飞机的货物。

3. 集中托运

集中托运是指由航空货运公司把若干单独发货人的货物组成一整批货物，用一份总运单整批发运到目的地，由航空货运公司在那里的代理人办理收货报关手续后交给实际收货人。此种方式运费较低，实际工作中较多采用。

4. 急件传递

急件传递又称"桌到桌运输"，是航空公司和专营这项业务的公司联合开展的速递服务项目，由专门机构在货主、机场、收件人之间进行快速传递。这项服务快速安全，适用于急需药品、图纸资料、货样单证等的传递。

航空运价一般是按货物的实际重量或体积计算，以两者较高者为准。但体积折合千克或磅的计算方法，各航空公司不尽相同。有按 6000 立方厘米或 366 立方英寸折合 1 千克的；有按 7000 立方厘米或 427 立方英寸折合 1 千克的；也有按 166 立方英寸或 194 立方英寸折合 1 磅的。至于尾数，一般采用四舍五入法。

（三）公路、内河和管道运输

1. 公路运输

公路运输（road transport）是一种现代化的"门到门"运输方式。具有机动灵活、快速方便等特点，但是费用较高、载货量有限、风险较大。我国同俄罗斯、朝鲜、缅甸等许多周边国家有公路相通，同这些国家的货物运输可以采用这种方式。

2. 内河运输

内河运输（inland water transport）是水上运输的组成部分，是连接内部腹地和沿海地区的纽带，是边疆地区同邻国边境河流的连接线。它具有投资少、运量大、成本低的特点。

我国拥有四通八达的内河运输网，同一些邻国还有国际河流相通，为我国对外贸易通过内河运输提供了有利条件。

3. 管道运输

管道运输（pipeline transport）是通过管道用高压气泵的压力向目的地输送液态或气态货物的一种特殊运输方式。主要适用于运送原油、天然气等液体和气体的物品。它具有速度快、流量大、运费低廉等特点。管道运输的运费计算是按油类、品种规格不同规定不同的费率。计算标准一般以桶为单位，也可以以吨为单位。

（四）邮政运输

邮政运输（Parcel Post Transport）是一种简便的运输方式，手续简便、费用不高，是国际贸易中普遍采用的运输方式之一。但是对邮件的重量和体积有一定的限制，一般每件重量不得超过 20 千克，长度不得超过 1 米，所以它只适宜于量轻体小的小商品，如精密仪器、机器零件、金银首饰、文件资料、药品以及各种样品和零星物品等。国际邮政运输一般由国家办理，邮政部门之间签订协定和公约。我国与很多国家签订了邮政包裹协议和邮电协议，并于 1972 年加入万国邮政联盟组织。

近年来，特快专递业务快速发展，目前主要有以下五种。

1. EMS

EMS 即全球邮政特快专递（Express Mail Service），由各国邮政联合创办，由万国邮政联盟统一制定名称和标志。我国于 1980 年开办 EMS 业务。

2. DHL

DHL 信使专递（DHL Courier Service）是由 Dalsey、Hilbolom、Lind 三位美国人组建的敦豪国际有限公司信使专递和民航快递服务（Air Express Service，AE），是国际信使专递行业中具有代表性的专递公司，总部设在美国纽约。

3. UPS

UPS 是 United Parcel Service 的缩写，即联合包裹运送服务公司。1907 年成立于美国，是目前世界上最大的快递承运商与包裹递送公司。

4. FedEx

FedEx 是 Federal Express 的缩写，即美国联邦快递公司。1973 年，FedEx 正式开展快递业务，现已成为世界上最具规模的速递运输公司，是全球最具规模的全货运航空公司。

5. TNT

TNT 是 Thomas Nationwide Transport 的缩写，即托马斯全国运输公司。1946 年创建于澳大利亚，公司总部位于荷兰，是欧洲最大的快递公司。

（五）国际多式联运和大陆桥运输

1. 国际多式联运

国际多式联运（international combined transport）是指按照多式联运合同，以至少两种不同的运输方式，由多式联运经营人把货物从一国境内接运货物的地点运至另一国境内指定交付货物的地点。国际多式联运是在集装箱运输基础上发展起来的综合性连贯运输方式。

国际多式联运需要具备几个条件：①必须由一个多式运输经营人对全程运输负总责；

②必须有一个多式运输合同；③必须使用一份包括全程的多式运输单据；④必须至少有两种不同运输方式的连贯运输；⑤必须是全程单一的运费费率。

根据联运组织方式和体制的不同，多式联运可分成协作式多式联运和衔接式多式联运两大类。

（1）协作式多式联运。

协作式多式联运是指采用两种或两种以上运输方式的不同运输企业按照统一的公约、规章或商定的协议，共同将货物从接管货物的地点运到指定交付货物的地点的联运。

（2）衔接式多式联运。

衔接式多式联运是指一个多式联运经营人综合组织两种或两种以上运输方式的不同运输企业，将货物从接管货物的地点运到指定交付货物的地点的联运。在衔接式多式联运下，运输组织工作与实际运输生产实现了分离，多式联运经营人负责全程运输组织工作，各区段的实际承运人负责实际运输生产。

目前我国已开办的多式运输路线可到达欧、美、非洲的港口或内地城市，形式也多种多样。

2. 大陆桥运输

大陆桥运输（landrail way transport）是指横贯大陆的铁路或公路运输系统作为中间桥梁，把大陆两端海洋运输连接起来的连贯运输方式。它是以集装箱运输为媒介的特殊的国际多式联运方式，是海—陆—海的连贯运输形式。大陆桥运输具有运输里程短、运输成本低、货物运输快的特点。

第三节　国际货物运输保险

进出口货物在运输、装卸、储存过程中，可能因各种风险使货物遭受损失，为了转嫁风险和保障货物受损后能得到经济上的补偿，买卖双方就需要按约定条件投保国际货物运输保险。国际货物运输保险属于财产保险的范畴，是一种特殊形式的财产保险。

一、海上货物运输保险的原则

1. 可保利益原则

可保利益原则是指只有对保险标的具有可保利益的投保人与保险人签订的海上保险合

同才有法律效力，保险人才承担保险责任。保险人所承保的标的，是保险所要保障的对象。但被保险人（投保人）投保的并不是保险标的本身，而是被保险人对保险标的所具有的利益，这个利益称为保险利益。被保险人对保险标的不具有保险利益的，保险合同无效。

2. 保险补偿原则

保险补偿原则是指在财产保险中被保险人与保险人签订保险合同，将特定的风险转由保险人承担。当保险标的发生了承保责任范围内的损失时，保险人应当按照保险合同条款的规定履行全部赔偿责任。但保险人的赔偿金额不得超过保险单上的保险金额或被保险人遭受的实际损失，即不能超过被保险人对保险标的所具有的可保利益。保险人的赔偿不应使被保险人因此而获得额外利益。

3. 最大诚信原则

最大诚信原则是指保险双方在签订和履行保险合同时，必须保持最大的诚意，互不欺骗和隐瞒，恪守合同的承诺，全面履行自己应尽的义务；否则，将导致保险合同无效或承担其他法律后果。

4. 近因原则

近因原则是为了明确事故与损失之间的因果关系，认定保险责任而专门设立的一项基本原则。它的含义是指保险人对承保范围内的保险事故作为直接的、最接近的原因所引起的损失，承担保险责任，而对承保范围以外的原因造成的损失，不负赔偿责任。

5. 代位追偿原则

代位追偿原则是指当保险标的物发生了由第三者责任造成的保险责任范围内的损失，保险人按照合同的规定向被保险人履行了损失赔偿的责任，有权获得被保险人在该项损失中向第三者责任方要求索赔的权利。

二、海上货物运输保险的范围

（一）风险类型

风险是指人们在生产、生活或对某一事项做出决策的过程中，对未来结果的不确定性。海上风险保险业把海上货物运输的风险分成海上风险和外来风险两类。

1. 海上风险

海上风险（perils of sea）又称海难，一般指船舶或货物在海上运输过程中发生的或随附海上运输所发生的风险，包括自然灾害、意外事故。

（1）自然灾害

自然灾害是指由于自然界变异引起破坏力量所造成的现象。但海上保险业务中，它并不是泛指一切自然界变异所造成的破坏，而是仅指恶劣气候、雷电、海啸、地震或火山爆发等人力不可抗拒力量所造成的灾害。

（2）意外事故

意外事故是指由于偶然的非意料中的原因所造成的事故。在海上保险业务中，它不同于一般的意外事故，而是仅指运输工具遭受搁浅、触礁、沉没、船舶与流冰或其他物体碰撞，以及失踪、失火、爆炸等造成的货物损失。

2. 外来风险

外来风险（extraneous risks）一般是指海上风险以外的原因所造成的风险，主要包括：

（1）一般外来风险。是指被保险货物在运输中由于偷窃、短量、雨淋、沾污、渗漏、破碎、受热受潮、串味等一般外来原因所造成的风险。

（2）特殊外来风险。是指由于军事、政治、国家政策法令以及行政措施等外来原因所造成的风险与损失。

（二）海上损失

海上损失又称海损，是指被保险货物在运输途中因遭遇海上风险施救所造成的各种损失。海损也包括与海运相连的陆运和内河运输过程中的货物损失。按照程度不同可分为全部损失和部分损失。

1. 全部损失

简称全损（total loss），指运输途中整批货物或不可分割的一批货物的全部损失。根据情况不同，可分为实际全损和推定全损。

（1）实际全损。实际全损是指保险货物完全灭失、变质或实际上已不可能归还保险人。

（2）推定全损。推定全损是指保险事故发生后，认为实际全损已不可避免，或者为了避免发生实际全损所需支付的费用与继续将货物运抵目的地的费用之和超过保险价值。

2. 部分损失

部分损失（partial loss）是指被保险货物的损失没有达到全部损失的程度。部分损失按损失的性质又可分为共同海损和单独海损。

（1）共同海损。

共同海损（general average）是指载货的船舶在海上遇到共同危险，为了维护船货共同安全，由船方有意采取合理的施救措施所直接造成的特殊牺牲和支付的额外费用。

构成共同海损需具备以下条件。

第一，导致共同海损的危险必须是真实存在或不可避免的，船舶必须处于或接近危险而引起的灾难之中。

第二，共同海损的措施必须是为了解除船舶与货物的共同危险，人为地、有意识地采取合理措施。

第三，共同海损的牺牲是特殊性质的，费用损失必须是额外支付的。

第四，共同海损的损失必须是共同海损措施直接的、合理的后果。共同海损的损失与采取的共同海损措施之间必须存在一种必然的、内在的因果关系。

第五，造成共同海损损失的共同海损措施最终必须有效。所谓必须有效，是指经过抢救措施以后，船舶或货物的全部或一部分安全抵达航程的终点港或目的港，从而避免了船舶和货物同归于尽的局面。

（2）单独海损。

单独海损是指共同海损以外的意外损失，它仅涉及船舶或货物所有人单方面利益的损失，该损失由受损者单独负担。

共同海损和单独海损的不同在于：第一，造成海损的原因不同。单独海损是承保风险所直接导致的船舶和货物的损失；共同海损则不是承保风险所直接导致的损失，而是为了解除船舶和货物面临的共同危险有意采取合理措施而造成的损失。第二，损失的承担责任不同。单独海损由受损方自行承担；共同海损则由各受益方按照受益大小的比例共同分摊。

3. 费用

海上费用是指保险货物遭遇保险责任范围内的事故所产生费用方面的损失，主要有施救费用和救助费用。对这种费用，保险人也给予赔偿。

施救费用（sueand labour charges）是指在遭遇保险责任范围内的灾害事故时，被保险人或他的代理人、雇用人员和保险单受让人等为抢救被保险货物、防止其损失扩大而采取措施所支出的费用。保险人对这种施救费用负责赔偿。

救助费用（salvage charges）是指被保险货物遭遇保险责任范围内的灾害事故时，由保险人和被保险人以外的第三者采取救助行为而向其支付的报酬费用。

三、其他运输方式的货运保险

（一）陆上运输货物保险

1. 陆运险

陆运险的承保责任范围与海洋运输货物保险条款中的水渍险相似。保险公司对被保险货物在运输途中遭受暴风、雷电、洪水等自然灾害，或由于运输工具遭受碰撞、倾覆或出轨，或在驳运过程中，驳运工具搁浅、触礁、沉没、碰撞或由于遭受隧道坍塌、崖崩或火灾、爆炸等意外事故造成的全部或部分损失，负责赔偿。

2. 陆运一切险

陆运一切险的承保责任范围与海洋运输货物保险条款中一切险相似。保险公司除承担上述一些险，还对由于一般外来原因造成的货物短少、偷窃、破损、发霉、串味等全部或部分损失负责赔偿。

3. 陆上运输货物保险的责任起讫

保险责任的起讫期限与海洋货物保险"仓至仓"条款基本相同，是从被保险货物运离保险单所载明的起运地发货人的仓库或储存处所开始运输时生效，直至货物送交保险单所载明的目的地收货人仓库或储存处所为止。但最长不超过被保险货物到达最后卸载的车站后60天。

在陆上运输货物保险中，被保险货物投保了陆运险或陆运一切险的基础上，可以加保陆上运输货物保险的附加险，如陆运战争险等。

4. 陆上运输冷藏货物险

陆上运输冷藏货物险是陆上运输货物险中的专项保险，具有基本险的性质。其保险责任除陆运险的范围，还负责赔偿由于冷藏机器或隔温设备在运输途中损坏所造成的被保险货物解冻而腐坏的损失。

5. 陆上运输货物战争险（火车）

陆上运输货物战争险（火车）是陆运货物保险的附加险。该险承保在火车运输途中，因战争、类似战争和敌对行为、武装冲突所致的损失，以及各种常规武器所致的货物损失。陆上运输货物保险的附加险还有罢工险，其承保范围与海洋运输货物罢工险的责任范围相同。

（二）航空运输货物保险

1. 航空运输货物保险的险别

航空运输货物保险的基本险别有航空运输险和航空运输一切险。

（1）航空运输险。

航空运输险的承保责任范围与海运水渍险大体相同。包括被保险货物在运输途中遭受雷电、火灾、爆炸或由于飞机遭受恶劣气候或其他危难事故而被抛弃，或由于飞机遭遇碰撞、倾覆、坠落或失踪等自然灾害和意外事故所造成的全部或部分损失。

（2）航空运输一切险。

航空运输一切险的承保责任范围除包括上述航空运输险的全部责任，对被保险货物在运输途中由于一般外来原因所造成的，包括被偷窃、短少等全部或部分损失负赔偿责任。

（3）航空运输货物战争险。

航空运输货物战争险的承保责任范围是负责赔偿由于战争、类似战争行为、敌对行为或武装冲突，以及各种常规武器和炸弹所造成的货物损失。航空运输货物战争险是一种附加险，是投保人在投保了航空运输险或航空运输一切险的基础上才加保的险别。航空运输货物保险的附加险还有罢工险，其责任范围与海洋运输罢工险的责任范围相同。

2. 空运货物保险的除外责任

航空运输险和航空运输一切险的除外责任与海洋运输货物基本险的除外责任大致相同。

航空运输货物战争险不包括原子弹或热核武器所导致的损失。

3. 空运货物保险的责任起讫

航空运输险和航空运输一切险的责任起讫期限也采用"仓至仓"条款。但与海洋运输货物保险"仓至仓"责任条款不同的是：如果货物运达目的地而未运抵收货人仓库或储存处，则被保险货物在最后卸载地卸离飞机后满30天，保险责任即告终止。如在上述30天内转运非保险单载明的目的地时，则以该转运起终止。

在航空运输货物保险的情况下，也明确规定了除外责任。

航空运输货物保险，以被保险货物运离保险单所载明的起运地仓库或储存处所或被保险人用作分配、分派或非正常运输的其他储存处所为止。如被保险货物未到达上述仓库或储存处所，则以在最后卸货地卸离飞机后满30天为止。

被保险货物在投保航空运输险或航空一切险后，可加保航空运输货物战争险等附加险。

（三）邮运包裹保险

邮运包裹保险是承保邮包在运输途中因自然灾害、意外事故和外来原因所造成的损失。

1. 邮运包裹保险的险别

邮运包裹保险包括邮包险和邮包一切险。此外还有附加险，即邮包战争险。

（1）邮包险。

邮包险的承保责任范围是被保险邮包在运输途中，由于遭受恶劣气候、雷电、流冰、海啸、地震、洪水等自然灾害，或由于运输工具搁浅、触礁、沉没、碰撞、出轨、坠落、失踪，或由于失火和爆炸等意外事故所造成的全部或部分损失。还负责被保险人对遭受承保责任内危险的邮包采取抢救、防止或减少货损的措施而支付的合理费用，但以不超过该批被救邮包的保险金额为限。

（2）邮包一切险。

邮包一切险的承保责任范围除包括上述邮包险的全部责任，还负责赔偿被保险邮包在运输途中由于外来原因所致的全部或部分损失。

（3）邮包战争险。

邮包战争险承保责任范围与海运战争险相似。该险承保在邮包运输途中，因战争、类似战争和敌对行为、武装冲突所致的损失，以及各种常规武器所致的货物损失。邮包附加险除了战争险还有罢工险，其责任范围与海运罢工险的责任范围相同。

2. 邮包运输保险的除外责任

邮包险和邮包一切险的除外责任，对因战争、敌对行为、武装冲突和罢工所致的损失，以及由于运输延迟导致货物缺陷，或由被保险人的故意、过失所造成的损失不负责赔偿。

邮包战争险不负责赔偿使用原子弹或热核武器所造成的损失和费用。

3. 邮包运输保险的责任起讫

邮包险和邮包一切险的保险责任起讫，自被保险邮包离开保险单所载明的起运地点、寄件人的处所运往邮局时开始生效，直至该项邮包运达保险单所载明的目的地邮局。自邮局发出通知书给收货人当日午夜起算满 15 天为止，但此期限内邮包一经递交至收件人的处所，保险责任即告终止。

邮包战争险的保险责任自被保险邮包经邮局收讫后自储存处所开始运送时生效，直至该项邮包运达保险单所载明的目的地邮局送交收件人为止。

四、国际货物运输保险实务

买卖合同所采用的贸易术语不同，办理保险的人就不同。例如按 FOB 或 CFR 条件成交时，合同的保险条款中应订明由买方投保；按 CIF 条件成交时，合同的保险条款中应订明由卖方负责办理保险。买卖合同中的保险条款主要包括下列内容。

（一）投保险别的选择

选择投保险别时，应该考虑下列因素。

根据货物的性质和特点选择合适的保险险别。例如，粮食类商品易受潮、受热、发霉，故应投保一切险，或在水渍险的基础上加保受潮受热险及短量险。

根据货物包装方式的特点选择合适的投保险别。

根据不同的运输方式与运输工具选择不同投保险别。

根据运输路线和停靠港口的不同选择不同投保险别。

（二）办理投保业务手续

1. 出口保险手续

在办理出口保险手续时，应根据出口合同或信用证规定，在备妥货物并确定装运期和运输工具后，按规定格式逐笔填制保险单，具体列明被保险人名称，保险货物项目、数量、包装及标志，保险金额，起止地点，运输工具名称，起止日期和保险险别等送保险公司投保，缴纳保险费，向保险公司领取保险单证。

2. 进口保险手续

我国保险公司一般采取预约保险的做法。所谓预约保险，是专营进口或有经常性进口业务的外贸公司为简化投保手续，做到及时保险，可以采用与保险公司签订预约保险合同的方式投保进口货物运输险。

（三）保险金额和费用

保险金额是保险人所应承担的最高赔偿金额。它是计算保险费的基础，又是货物发生损失后计算赔偿的依据。

实际业务中，买方为了取得充分的保障，一般都把货值、运费、保险费以及转售该批货物的逾期利润和费用的总和作为向保险公司投保的保险金额。按照国际保险市场习惯，通常按 CIF 或 CIP 总值加成 10% 计算。

保险金额和保险费的计算公式是：

$$保险金额 = CIF 价格 \times （1 + 投保加成率）$$

$$保险费 = 保险金额 \times 保险费率$$

保险费是保险金额与保险费率的乘积。保险费率是由保险公司根据一定时期、不同种类的货物的赔付率，按不同险别和目的地确定的被保险人缴纳的费用。

（四）保险单据

保险单据是保险公司和保险人之间订立的保险合同，是保险人的承保证明，也是被保险人向保险公司索赔和保险公司进行理赔的依据。我国进出口业务中使用的保险单据主要有以下四种。

一是保险单。保险单又称大保单，是使用最广的一种保险单据。

二是预约保单。预约保单是被保险人与保险人之间订立的总合同。

三是保险凭证。保险凭证又称小保单，是一种简化的保险合同，除其背面没有详细的保险条款外，正面内容与保险单相同。它与保险单具有同等法律效力。

四是联合凭证。联合凭证是比保险凭证更简化的保险单据。

第四节　国际货物贸易检验与索赔

一、商品检验检疫概述

1. 商品检验检疫的含义

国际商品买卖中的商品检验检疫（commodity inspection and quarantine），简称商检，是指在国际商品买卖过程中，由商品检验检疫机构对商品的品质、数（重）量、包装、安全性能、卫生指标、残损情况、商品装运技术条件等方面进行检验和鉴定，并出具检验证书，确定商品的各项指标是否符合合同规定、是否符合交易双方国家的有关法律和法规的规定。

2. 商品检验检疫的意义

商品检验检疫是随着国际商品买卖的发展而产生和发展起来的，它在国际商品买卖中占有十分重要的地位。在国际贸易中，买卖双方处于不同的国家，相距甚远，难以在成交时当面检验商品，而商品在长途运输中又难免出现残损、短少甚至灭失，另外在运输过程中，由于自然因素或非自然因素也会使商品的品质、数（重）量、包装等发生变化，同样会引起交货双方的争议。商品检验检疫机构正是以第三方的身份出现，公正地对商品进行检验和鉴定，并出具检验证书，以此作为买卖双方解决争端的依据，同时也是交换商品和支付货款的依据之一。从另一个角度出发，商品检验检疫还关系到出口国能否保持良好的信誉，使本国出口贸易持续发展；关系到进口国的社会福利；关系到买卖双方的经济利益等。可见，商品检验检疫是保证国际贸易顺利进行的一个非常重要也非常必要的环节。

3. 检验权

检验权是指合同当事人中由哪一方享有对商品的品质、数（重）量、包装等项内容进行最后评定的权利。通常享有检验权的一方，就有权指定检验检疫机构对商品进行检验，该检验机构最终出具的检验证书将作为确定交货品质、数量、包装等内容是否与合同一致的依据。由此可见，检验权的规定是关系到买卖双方权利与义务的重要问题，也是买卖双方在洽谈检验条件时非常重视的问题。

二、商品检验检疫的时间和地点

在国际商品买卖合同中，检验的时间和地点是指在何时、何地行使对商品的检验权。在国际商品买卖中有关商品检验检疫时间和地点的规定方法主要有以下四种。

（一）在出口国检验

在出口国检验属于商品在装运前的检验，可分为在出口国产地检验和在装运港或装运地检验。

1. 生产地检验

它是指商品在生产地启运或工厂出厂之前，由卖方或其委托的检验机构人员对商品的品质、数（重）量、包装等进行检验，并出具检验证书。

2. 装运港（地）检验

习惯上称为"离岸品质、离岸重量"（shipping quality and weight），它是指商品在装运港或装运地装运前，由双方约定的商品检验检疫机构对商品的品质、数（重）量、包装等进行检验，并出具检验证书。

采用以上两种方法规定检验时间和检验地点时，即使买方在货到目的港（地）且经检验发现商品的品质或数（重）量、包装等方面不符合合同规定，也不能就此向卖方提出异议，除非买方能证明其所收到的商品与合同规定不符是由于卖方的违约或商品的固有瑕疵造成的。

（二）在进口国检验

在进口国检验是商品在目的港或目的地卸货后进行检验，可分为在目的港或目的地检验和在买方营业处所或最终用户所在地检验。

1. 目的港（地）检验

习惯上称为"到岸品质、到岸重量"（landed quality and weight），它是指商品在到达目的港或目的地卸货后的一定时间内，由买卖双方约定的目的港或目的地的商品检验检疫机构对商品的品质、数（重）量、包装等进行检验，并出具检验证书。

2. 营业处所（用户所在地）检验

它是指由买卖双方约定的在买方营业处所或最终用户所在地的商品检验检疫机构对商品的品质、数（重）量、包装等进行检验，并出具检验证书。

采用这两种方式约定检验时间和检验地点时，卖方必须保证商品的品质、数（重）量、包装等与合同规定相符。如存在的不符点是由于卖方责任所致，买方有权凭借检验证书向卖方提出索赔，卖方不得拒绝。

（三）在出口国检验，进口国复验

这种方法是卖方在商品装运时，委托本国的商品检验检疫机构对商品的品质、数（重）量、包装等进行检验并出具检验证书，以作为向当地银行议付货款的单据之一，但不是最终的依据。当商品运抵目的港或目的地时，再由当地的商品检验检疫机构对商品的品质、数（重）量、包装等进行复验，如发现商品的品质、数（重）量、包装等方面不符合合同的规定，买方可以凭对商品进行复验的检验机构出具的检验证书，向卖方提出异议或索赔。

（四）装运港（地）检验重量，目的港（地）检验品质

在大宗商品交易的检验中，为了调和买卖双方在商品检验检疫时间与地点问题上存在

的矛盾，有时也将商品的重量检验和品质检验分别进行，称为"离岸重量、到岸品质"（shipping weight and landed quality）。即以装运港或装运地验货后检验机构出具的重量检验证书为卖方交货重量的最后依据，以目的港或目的地验货后检验机构出具的品质检验证书为卖方交货品质的最后依据。商品到达目的港或目的地后，若经检验发现商品品质与合同规定不符是由于卖方责任所致，则买方可凭检验证书对商品品质向卖方提出索赔，若是商品的重量与合同规定出现不符，则买方没有权利向卖方提出异议。

三、商品检验检疫的内容

对不同的商品、不同的状况，商品检验检疫的内容是不同的。常见的商品检验检疫有品质检验、数量和重量检验、包装检验、卫生检验、残损检验等。

1. 品质检验

品质检验是对商品的外观、化学成分、物理性能等所进行的检验。通常采用仪器检验和感官检验两种方法。

2. 数量和重量检验

数量和重量检验是按照合同中规定的计量单位和计量方法对商品的数量和重量进行检验，以确定其是否符合合同规定的数量和重量。

3. 包装检验

包装检验主要是对商品包装的材料、方法、标志等进行检验，看其是否适应商品本身的特性、是否适合商品在运输过程中的装卸及搬运、是否符合合同及相关的规定。

4. 卫生检验

卫生检验是检验进出口商品是否包含影响人类生命健康的各种物质，尤其是肉、蛋、奶、水果等商品，必须进行卫生检验检疫，不符合本国法律、法规的商品，一律不准进口和出口。

5. 残损检验

残损检验是对商品的残损部分进行检验和鉴定，确定商品残损的具体原因及其对商品使用价值的影响、估计损失程度并出具检验证书，作为受害方索赔的依据。

以上是几种常见的商品检验检疫，除此之外进出口商品检验检疫还包括船舱检验、监视装载、签封样品、签发产地证书和价值证书等检验内容。

四、商品检验检疫机构

在国际商品买卖中，交易双方除了自行对商品进行必要的检验外，通常还要委托独立于买卖双方之外的第三方，即商品检验检疫机构对商品进行检验。商品检验检疫机构是指根据买卖双方的委托或有关法律法规的规定对进出口商品进行各方面的检验和鉴定，并出具真实、公正、具有权威性的检验检疫证书的机构，简称商检机构或检验机构。

（一）国际上的主要商品检验检疫机构

商品检验检疫已经成为国际贸易中的一个重要环节，各个国家或地区都设立了自己的商品检验检疫机构，根据其性质，可分为官方商品检验检疫机构、半官方商品检验检疫机构和非官方商品检验检疫机构二种。

1. 官方商品检验检疫机构

官方商品检验检疫机构是由国家或地方政府出资设立的，依据国家有关法律、法规对进出口商品进行强制性检验、检疫和监督管理的机构。如美国食品药物管理局（FDA）、美国粮谷检验署（FGES）、法国国家实验室检测中心、日本通商产业检验所等。

2. 半官方商品检验检疫机构

半官方商品检验检疫机构是有一定权威的、由国家政府授权、代表政府行使某项商品检验检疫或某一方面检验管理工作的民间机构。例如，美国保险人实验室（UL）、日本海外商品检验株式会社（OMIC）、法国船级社（BV）等就属于此种情况。

3. 非官方商品检验检疫机构

非官方商品检验检疫机构是由各商会、协会或私人设立的具有专业检验、鉴定技术能力，并被当地法律所认可的商品检验检疫机构。如瑞士日内瓦通用鉴定公司（SGS）、日本海事鉴定协会（NKKK）、新日本鉴定协会（SK）、英国劳合氏公证行（Lloyd's Surveyor）等。

（二）我国的商品检验检疫机构及任务

1. 我国的商品检验检疫机构

我国在 1974 年成立了营口商品检验处，后于 1981 年更名为中华人民共和国营口商品检验局。然后在 1998 年的国务院机构改革中，由原来的中国商品检验局、中华人民共和国卫生检疫局、中国动植物检疫局三个机构组建为国家出入境检验检疫局。这个机构对一般的进出口商品进行检验。随着改革的深入，原国家质量监督检验检疫总局的出入境检验检疫管理职责和队伍在 2018 年 4 月划入海关总署。各省、自治区、直辖市及进出口口岸、进出口商品集散地也相应设立了分支机构，共同履行出入境检验检疫的职责。

2. 我国商品检验机构的基本任务

我国新《商检法》规定，我国出入境商检机构在进出口商品检验方面的基本任务有三项：

（1）法定检验。它是指出入境检验管理部门根据《商检法》等法规的具体规定，对属于法定检验范围的商品或有关的检验检疫事项进行强制性的检验检疫。

（2）公证鉴定。它是指经国家市场监督管理总局许可的检验机构可以接受对外贸易关系人或者外国检验机构的委托，办理进出口商品检验鉴定业务，签发检验鉴定证书，作为对外贸易关系人办理进出口商品的交接、结算、报关、纳税、处理争议、索赔等业务的有效凭证。

（3）实施监督管理。它是指国家市场监督管理总局委托地方检验检疫机构通过行政和管理手段，对进出口商品的收货人、发货人及生产、经营、储运单位以及经国家市场监督管理总局许可的检验机构和认可的检验人员的检验工作实施监督管理，以推动和组织有关部门对进出口商品按照要求进行检验。

对进出口商品的质量和重量等的检查工作实施监督管理，是国家市场监督管理总局和各地出入境检验检疫机构对进出口商品执行检验把关的一个重要手段。

五、商品检验证书

检验证书（inspection certificate）就是检验机构在检验、鉴定后出具的书面证明文件。

国际货物买卖中的检验证书种类繁多，常见的检验证书有品质检验证书、重量或数量检验证书、包装检验证书、兽医检验证书、卫生/健康检验证书、消毒检验证书、熏蒸证书、温度检验证书、残损检验证书、船舱检验证书、货载衡量检验证书、价值证明书、产地证明书等。在实际业务中，买卖双方应根据成交货物的种类、性质及有关国家的法律和贸易惯例来确定交易中应取得何种商品检验证书，并在合同中加以规定。

在我国，检验证书通常由国家出入境检验检疫局及其设在各地的分支机构签发，也可由中国对外贸易促进委员会或中国进出口商品检验检疫总公司出具。

六、索赔

（一）违约概述

1. 违约的含义

违约是指合同的一方不履行或不完全履行合同规定的义务的行为。违约一方面会引起买卖双方之间的争议，另一方面也会给对方造成经济损失，对此，违约的一方应承担相应的法律责任。

2. 违约的种类

（1）买方违约，如不按时开立信用证、不按时付款赎单、无理拒收货物、在买方负责运输的情况下不按时派船接货、不按时签订运输契约、不按时指定交货地点等。

（2）卖方违约，如不按时交货，货物的品质、数（重）量、包装等不符合合同规定，不提供合同，不提供信用证规定的合适单证等。

（3）买卖双方均有违约，如合同条款规定不明确，导致双方理解分歧，引起纠纷，或在履约中双方均有违约行为。

3. 违约的法律后果

不同性质的违约所承担的法律责任不同，与此相对应的各国法律或国际组织的文件对于违约方的违约行为和由此产生的法律后果，以及对该后果的处理有不同的规定和解释。

（二）索赔概述

1. 索赔的含义

索赔是指买卖合同的一方当事人因另一方当事人违约致使其遭受损失而向另一方当事人提出要求损害赔偿的行为。理赔是违约方对受损方提出的索赔要求进行处理。由此可见，索赔和理赔是一个问题的两个方面。其中属于卖方责任而引起买方索赔的主要有：卖方所交商品的品质、数（重）量、包装与合同规定不符；卖方未按期交货；卖方其他违反合同或法定义务的行为。属于买方责任而引起卖方索赔的有：买方未按期付款；未及时办理运输手续；未及时开立信用证；买方其他违反合同或法定义务的行为。

在国际贸易实践中，损害赔偿是最重要的也是最常用的违约补救措施。按照法律的一般规则，受损害的一方当事人在采取其他违约补救措施时，不影响该当事人向违约一方提出损害赔偿的权利。

2. 索赔的对象

索赔的对象是指要对索赔方承担损失赔偿等责任的当事人。国际货物买卖涉及许多当事人，索赔对象即责任方不仅限于买卖双方，有时还会涉及其他当事人，例如承运人、保险公司等。在实际业务中经常遇到保险索赔、运输索赔和买卖索赔等情况。

3. 索赔条款

国际贸易涉及的面很广，情况复杂多变，所以索赔的情况时有发生，特别是在市场剧烈动荡和价格瞬息万变的时候更是频繁出现。为了处理这类问题，买卖双方在合同中一般都应订立索赔条款。进出口贸易合同中的索赔条款大致有两种：一种是异议与索赔条款，另一种是罚金条款。在一般商品的买卖合同中，多数只订异议与索赔条款，同检验条款合并订在一起。在买卖大宗商品或机械设备的合同中，一般还订有罚金条款，这种条款一般适用于卖方延期交货等，双方可根据延误时间长短预先约定赔偿的金额，同时规定最高罚款金额。

异议与索赔条款（discrepancy and claim clause）是针对卖方交货品质、数（重）量或包装不符合合同规定而订立的。条款主要包括以下内容。

（1）索赔依据。

索赔依据包括法律依据和事实依据两个方面。法律依据是指买卖合同及有关国家的法律、国际公约、惯例；事实依据是指违约的事实真相、情节及其书面证明。如果索赔时证据不足或出具证据的机构不符合要求等，都可能遭到对方的拒赔。

（2）索赔期限。

索赔期限又称索赔时效，是指受损方有权向违约方提出索赔的期限。受损方只能在一定的索赔期限内提出索赔，否则丧失索赔权。在通常情况下，索赔期限可分为约定索赔期限和法定索赔期限两种。约定索赔期限是指买卖双方在合同中明确规定索赔期限，根据商品交易的性质，约定索赔期限可长可短。

在约定索赔期限时，很重要的问题是索赔开始计算的时间。根据国际上的习惯，索赔期限的起算时间通常有四种算法：①商品到达目的港后××天起算；②商品到达目的港卸离海轮后××天起算；③商品到达买方营业地或用户所在地后××天起算；④商品经检验后××天起算。

（3）索赔金额。

在实际业务中，索赔金额的确定不仅是处理争议的中心内容和解决纠纷的焦点问题，而且还关系到各方的经济权益与对外信誉，所以应按照法律和国际惯例的规定和要求来确定索赔金额。

如果买卖合同中规定有约定的损害赔偿金额或损害赔偿金额的计算方法，通常应按约定的金额或根据损害赔偿金额的计算方法计算出的赔偿金额提出索赔。如果合同中未作具体规定，则遵循《联合国国际货物销售合同公约》确定损害赔偿的原则，具体如下：①赔偿金额应与因违约而遭受的包括利润在内的损失额相等。②赔偿金额应以违约方在订立合同时可预料到的合理损失为限。③由于受损害一方未采取合理措施，使有可能减轻而未减轻的损失，应在赔偿金额中扣除。

（4）索赔办法。

处理索赔的办法是指确定损害赔偿的金额和处理的方式。通常只在合同中作笼统的规定。鉴于索赔是一项较复杂而又重要的工作，所以在处理索赔时应根据实际情况有理有据地提出索赔。至于索赔金额因约定时难以预料，只能本着实事求是的原则酌情处理，在合同中一般不作具体的规定。

罚金条款（penalty clause）又称违约金条款、罚则，一般是用于卖方延期交货或买方延期接货等情况。合同中规定，如一方未履行合同或未完全履行合同，应向对方支付一定数量约定金额作为赔偿。罚金数额由交易双方商定并规定最高限额，并由违约时间的长短而定。

在合同中规定罚金条款是促使合同当事人履行合同义务的重要措施，能起到避免和减少违约行为发生的预防性作用；在发生违约行为的情况下，能对违约方起到一定的惩罚作用，对守约方的损失能起到补偿性作用。

第六章 国际贸易合同的签订与履行

第一节 国际贸易合同的签订

一、国际贸易合同概述

(一) 国际贸易合同的概念与特征

国际贸易合同在此处特指国际货物买卖合同,即营业地处于不同国家或地区的当事人就商品买卖所发生的权利和义务关系而达成的书面协议。该合同的主体是具有平等权利、义务关系的自然人、法人和其他组织,达成的协议是有关设立、变更、终止民事权利义务关系的协议。

在国际贸易中,国际货物买卖合同的当事人处于不同的国家,因此国际货物买卖合同与国内货物买卖合同相比,具有不同的特点。

1. 国际性

国际性即订立国际货物买卖合同的当事人的营业地在不同的国家,不管合同当事人的国籍是什么。如果当事人的营业地在不同的国家,其签订的合同即为"国际性"合同。反之,合同则为"国内"合同。如果当事人没有营业地,则以其长期居住所在地为"营业地"。

2. 合同的标的物是货物

国际货物买卖合同的标的物是货物,即有形资产,而不是股票、债券、投资证券、流通票据或其他财产,也不包括不动产和提供劳务等交易。

3. 国际货物买卖合同的货物必须由一国境内运往他国境内

国际货物买卖合同的订立可以在不同的国家完成,也可以在一个国家完成,但履行合同时,卖方交付的货物必须运往他国境内,并在他国境内完成货物交付。

4. 国际货物买卖合同具有涉外因素

国际货物买卖合同具有涉外因素，被认为与一个以上的国家有重要的联系，因此，在法律的适用性上，各国法律的规定就与国内合同有所不同。概括起来，国际货物买卖合同适用的法律有国内法、国际贸易惯例、国际条约三种。

（二）国际贸易合同的形式

合同的形式是合同当事人内在意思的外在表现形式。在国际贸易中，交易双方订立合同有以下三种形式。

1. 书面形式

书面形式包括合同书、信件以及数据电文（如电报、电传、传真、电子数据交换和电子邮件）等可以有形地表现所载内容的形式。采用书面形式订立的合同，既可以作为合同成立的证据，也可以作为履行合同的依据，还有利于加强合同当事人的责任感，使其依约行事。即使履约中发生纠纷，也便于举证和分清责任，所以，书面合同成为合同的一种主要形式。鉴于采用书面形式订立合同有许多好处，所以，有些国家的法律或行政法规甚至明文规定必须采用书面形式。

2. 口头形式

采用口头形式订立的合同，又称口头合同或对话合同，指当事人之间通过当面谈判或通过电话方式达成协议而订立的合同。采用口头形式订立合同，有利于节省时间，简便行事，对加速成交起到重要作用。但是，因无文字依据，空口无凭，一旦发生争议，往往造成举证困难、不易分清责任的情况出现。这是导致有些国家的法律、行政法规强调必须采取书面合同的最主要的原因。

3. 其他形式

其他形式是指除上述两种形式之外的订立合同的形式，即以行为方式表示接受而订立的合同。例如，根据当事人之间长期交往中形成的习惯做法，或发盘人在发盘中已经表明受盘人无须发出接受通知，可直接以行为做出接受而订立的合同，均属此种形式。

（三）国际贸易合同的基本内容

书面合同不论采取何种格式，其基本内容通常包括约首、基本条款和约尾三个组成部分。

1．**约首**

约首一般包括合同名称、合同编号、缔约双方名称和地址、电报挂号、电传号码等项内容。

2．**基本条款**

这是合同的主体，其中包括品名、品质规格、数量或重量、包装、价格、交货条件、运输、保险、支付、检验、索赔、不可抗力和仲裁等项内容。商定合同主要是就这些基本条款如何规定进行磋商，最终达成一致意见。

（1）当事人的名称或者姓名和住所。当事人是法人或者其他组织的，必须写明当事人的真实的、完整的名称。合同中还应当写明当事人的住所。当事人的住所对确定债务履行地、管辖地具有重要意义。

（2）标的。标的是合同权利和义务指向的对象。由于合同种类不同，标的也不相同，可以是某种物，也可以是某种服务或者智力成果等。合同的标的应当清楚地写明标的名称，以使标的特定化，明确界定义务的边界。

（3）数量。数量是交易标的的计量，是衡量标的大小、多少、轻重的尺度。标的数量是通过计量单位和计量方法来衡量的，必须使用国家法定计量单位和统一计量方法（国家没有规定的，由双方协商）。订立合同时，计量单位和计量方法必须合法、具体、准确。此外，某些标的物由于物理属性可能会产生自然增减的情况，因此，在合同中应当明确记载合理磅差、正负尾差、超欠幅度、自然损耗等。

（4）质量。质量是指标的的内在品质和外观形象的状况。质量主要包括：①标的物的物理和化学成分；②标的的规格，通常是指用度量衡来确定的品质特征；③标的的性能，如强度、硬度、弹性、延度、抗腐性、耐水性、耐热性、传导性等；④标的的款式，主要是指标的的色泽、图案、式样、时尚度等；⑤标的的感觉要素，主要是指标的的味道、触感、音质、新鲜度等。订立合同时，一定要将标的的质量详尽写明。

（5）价款或者报酬。价款或者报酬是有偿合同的主要条款。在价款或者报酬条款中，当事人还应当约定价款或者报酬的支付方式（一次性支付或分期支付）、币种、支付地点、结算方式等内容。另外，在大宗商品交易活动中，通常须支付运输费、保险费、装卸费、报关费等费用，这些费用由哪一方当事人支付，应当在订立合同时予以明确约定。

（6）履行期限。履行期限是当事人履行合同义务的时间界限。履行期限可以约定为定时履行，还可以约定为在一定期限内履行。如果是分期履行的，应当写明每期履行的时间。法律对合同的履行期限有限制的，按照法律的规定履行。

（7）履行地点和方式。履行地点是支付或者提取标的的地方。履行地点是确定检验地点的依据，是确定运输费由谁负担、风险由谁承担的依据，有时也是确定标的物的所有权是否转移、何时转移的依据。合同的履行方式是指当事人采用什么方式履行合同义务。

（8）违约责任。违约责任是指当事人一方或者双方不履行合同义务或者履行合同义务不符合约定时应当承担的责任。违约责任是促使当事人履行债务，使非违约方免受或减少损失的法律措施，对当事人的利益关系重大，因此应当在合同中明确规定。

（9）解决争议的方法。当事人在履行合同的过程中就合同的有关事项产生纠纷及歧义的情况经常发生，为了及时解决纠纷，当事人需要在合同中约定解决合同争议的方法，如和解、调解、仲裁、诉讼等。

3. 约尾

约尾一般包括订约日期、订约地点和双方当事人签字等项内容。为了提高履约率，在规定合同内容时应考虑周全，力求使合同中的条款明确、具体、严密和相互衔接，且与磋商的内容一致，以利于合同的履行。

（四）国际贸易合同所适用的法律

由于各国的政治、经济、法律制度不同，国际货物买卖合同中就产生了法律冲突与法律适用问题。当事人在合同中明确宣布合同适用何国法律就叫作法律适用条款或法律选择条款。该条款俗称"午夜条款"，意指当事人往往关注交易本身的利害而忽略了较专业的法律适用问题。而通过订立法律适用条款，可以避免因国际法的属地原则和属人优越权原则而产生的法律冲突问题，也利于当事人在出现合同纠纷时选择对己方更为有利的方式解决问题。

根据合同的当事人自治原则，各国都允许当事人通过意思自治选择涉外合同适用的法律，归纳起来，大致有四个分类：①适用缔约地法律；②适用履约地法律；③适用与合同有最密切联系的国家的法律；④适用买卖双方所选择的法律。

在上述规定中，"缔约地"是指签订合同的地点；"履约地"是指双方履行合同主要义务的地点；"与合同有最密切联系的国家"通常是指合同的缔约地或履约地所在的国家或由法院或仲裁机构根据交易的具体情况而确定的地方。

国际贸易合同所适用的国际贸易惯例与国际贸易条约中，国际贸易惯例发挥了积极的促进作用。因此，在国际贸易合同对国际惯例的适用问题上，许多国家的法律与有关国际公约均持肯定与开放的态度。例如，《联合国国际货物销售合同公约》规定："除非另有规定，双方当事人应视为已默认地同意他们的合同或合同的订立运用双方当事人已知道或理应知道的惯例。"此外，国际贸易合同还要适用双方当事人所在国家对外缔约或参加的买卖合同有关的双边或多边的国际公约。这些条约的主要形式包括公约、宪章、协定、议定书等。其中，《公约》是目前世界上关于买卖合同的最重要的国际多边公约。我国除了参加《公约》，还与一些国家缔结或签订有双边贸易协定、双边贸易支付协定、贸易议定书和"交货共同条件"等，这些都是我国对外成交和签约时遵守的基本规范。

我国采用合同自体法理论，即对涉外合同的法律适用以意思自治原则为主、以最密切联系原则为补充。对国际货物买卖合同的当事人而言，可以选择当事人的国内法（中国法律或交易对方所属国法律）、第三国法律，也可以是国际公约、国际商业惯例。

1. 选择适用法律条款必须具备的条件

根据《中华人民共和国合同法》第127条和《中华人民共和国民法典》第145条的规定以及最高人民法院的有关司法解释，如果当事人在合同中已选择适用的法律，我国有关机构如法院或仲裁庭在处理该合同纠纷时，应以当事人选择的法律为依据。但该法律适用条款必须符合三个条件：①当事人的选择不得违背我国法律对某些合同适用法律的特别规定；②当事人的选择必须是双方协商一致和明示的；③当事人选择外国法律不得违背我国的社会公共利益。

当事人意思自治是我国国际货物买卖合同中法律适用条款的首要原则。对当事人选择法律的方式排除了单方选择和默示选择的方式，同时该选择不得违背我国国内法律中的强制规则（mandatory rules）和公共秩序。中国的交易商作为国际货物买卖的一方当事人，最优的选择无疑是本国法律；其次是第三国法律、国际条约、公约等具有中立性质的法律；最后是交易对方所在国法律。这些法律应为现行的实体法，不包括冲突法规范和程序法。

2. 我国关于法律适用的几种形式

（1）选择第三国法律。

对当事人选择法律的空间范围，即当事人能否选择与合同没有联系的法律，长期以来一直是个有争议的问题。从我国法律的规定来看，并没有要求所选择的法律与合同或当事人有空间上的联系。所以选择第三国法律，可以是和合同有联系的，也可以是和合同没有联系的。选择第三国法律可以增加案件审理的公正性，但同时也会增加案件审理结果的不确定性。当然在选择第三国法律时，诉讼成本、具体交易等因素都是需要考虑进去的内容。

（2）选择国际公约。

1988 年生效的《联合国国际货物销售合同公约》是调整国际货物销售合同的最重要的一个统一实体法公约，它可以被当事人直接采用和在一定条件下自动适用，克服了利用冲突法规则选择准据法的间接性。我国是《联合国国际货物销售合同公约》的创始成员国之一，与我国有贸易往来的发达国家，除日本和英国外，均是《联合国国际货物销售合同公约》的缔约国。而和我国有着密切贸易往来的东南亚的大多数国家，除了新加坡，都不是《联合国国际货物销售合同公约》的缔约国。均为缔约国的交易双方可以在国际货物买卖合同中明示规定"本合同的权利和义务由《联合国国际货物销售合同公约》调整"的法律适用条款。对于我国和未参加《联合国国际货物销售合同公约》的国家如英国、日本、印度等国的国际货物买卖，《联合国国际货物销售合同公约》当然不能自动适用。但是根据《联合国国际货物销售合同公约》所确立的意思自治原则，在不违反强行性国内法的前提下，当事人在合同中也可以约定适用《联合国国际货物销售合同公约》，即所谓的参加公约问题（Opting-in CISG），这种体现当事人自治的原则已被大多数国家所接受，一般来说我国涉外仲裁也会尊重当事人的这种选择。

（3）选择国际惯例。

国际贸易惯例是在国际贸易的长期实践过程中形成的，对适用的当事人具有约束力。《1932 年华沙—牛津规则》《美国 1941 年对外贸易定义》，还有广泛应用的《国际贸易术语解释通则》等国际贸易惯例弥补了现有法律规定的不足，促进了国际贸易规则的统一，接受国际贸易惯例已经成为当前国际上的普遍趋向。

《中华人民共和国海商法》第 268 条规定："中华人民共和国缔结或者参加的国际条约同本法有不同规定的，适用国际条约的规定；但是，中华人民共和国声明保留的条款除外。中华人民共和国法律和中华人民共和国缔结或者参加的国际条约没有规定的，可以适用国际惯例。"这表明，国际贸易惯例的适用前提是国内法律和国际条约没有规定，即国际条约优先，国际惯例补缺原则。

由于合同内容的广泛性，不同的问题可能有不同的适用规范。因此，在一个合同中，可以同时选择适用国际公约、国内法和国际惯例。如在国际商会制定的《国际销售示范合同》适用法律中规定："除非合同双方另有约定，本合同范本适用《联合国国际货物销售合同公约》。"对《联合国国际货物销售合同公约》未做规定的问题将由某国法律管辖。而实际上，在国际货物买卖合同中，总是使用某一贸易术语，这就需要当事人选择贸易惯例中的贸易术语。

各种法律适用选择之间，不能简单地比较优劣，只可以抽象地比较形式上的有利性。法律适用的最后选择还要取决于具体的交易情况，包括交易背景、供求情况等。至于当事人应何时选择法律，新近的国际公约和国内立法都反对对当事人选择法律的时间加以限制。根据我国相关的司法解释，对此采取了相当宽松和灵活的规定。当事人可以在订立合同时，或者在争议发生后，甚至在法院受理案件后开庭审理前，都可以做出选择。

二、国际贸易合同的签订原则及订立

（一）订立合同的原则及违反合同原则的法律后果

合同的订立又称缔约，是当事人为设立、变更、终止财产权利和义务关系而进行协商、达成协议的过程。我国《民法典》规定："本法所称合同是民事主体之间设立、变更、终止民事法律关系的协议。"既然合同为一种协议，就须由当事人各方的意思表示的一致，即合意后才能成立。当事人为达成协议，相互为意思表示进行协商到达成合意的过程也就是合同的订立过程。

1. 订立合同的原则

缔约当事人在订立合同的过程中应当遵守五个原则，即当事人地位平等原则、自愿原则、公平原则、诚实信用原则和善良风俗原则。

（1）平等原则。

平等原则是指地位平等的合同当事人，在充分协商达成一致意思表示的前提下订立合同的原则。这一原则包括三方面内容：①合同当事人的法律地位一律平等；②合同中的权利义务对等；③合同当事人必须就合同条款充分协商，取得一致，合同才能成立。

（2）自愿原则。

各国合同法都有类似规定：合同双方依法享有自愿订立合同的权利，任何单位和个人不得非法干预。民事活动除法律强制性的规定外，由当事人自愿约定。具体包括：第一，是否订立合同由当事人自愿决定；第二，与谁订立合同属自愿行为；第三，合同内容由当事人在不违法的情况下自愿约定；第四，当事人可以协议补充、变更有关内容；第五，当事人双方也可以协议解除合同；第六，当事人双方可以自由约定违约责任，在发生争议时，当事人可以自愿选择解决争议的方式。

（3）公平原则。

合同当事人双方应当遵循公平原则确定各方的权利和义务，具体包括：第一，在订立合同时，要根据公平原则确定双方的权利和义务；第二，根据公平原则确定风险的合理分配；第三，根据公平原则确定违约责任。

（4）诚实信用原则。

诚实信用原则是各国合同法的核心，当事人在订立合同的全过程中，都要诚实、讲信用，不得有欺诈或其他违背诚实信用的行为。

（5）善良风俗原则。

遵守法律、行政法规，尊重社会公德，不得扰乱社会经济秩序和损害社会公共利益是世界各国通行的准则。善良风俗原则包括以下内容：第一，合同的内容要符合法律、行政法规规定的精神和原则；第二，合同的内容要符合社会上被普遍认可的道德行为准则。

2. 违反合同原则的法律后果

（1）当事人违反平等原则。在缔约过程中，一方以欺诈、胁迫的手段或者乘人之危，使对方在违背真实意思的情况下订立的合同。各国合同法普遍规定，受损害方有权按照双方的约定请求法院或者仲裁机构变更或者撤销所订立的合同。

（2）当事人违反合同自愿原则。一方以欺诈、胁迫手段使对方在违背真实意思的情况下订立的合同，受损害方有权请求法院或者仲裁机构变更或者撤销所订立的合同。

（3）当事人违反公平原则。合同中的权利义务不对等，导致合同有失公平的，受损害方有权请求法院或者仲裁机构变更或者撤销所订立的合同。

（4）当事人违反诚实信用原则。在缔约过程中一方当事人故意告知对方虚假情况，或者故意隐瞒真实情况，致使对方当事人对合同性质、标的物的品种、质量、规格和数量等重要内容产生"重大误解"而签订合同的，受损害方有权请求法院或者仲裁机构变更或者撤销所订立的合同。

（5）当事人违反善良风俗原则。合同的一方或双方违反法律、行政法规的强制性规定或者损害社会公共利益的，另一方当事人有权请求法院或者仲裁机构确认该合同无效。

（二）国际贸易合同的订立

国际商务合同是不同国家的当事人按照一定条件对商务交易达成的协议。只要交易双方中一方的要约为另一方有效的承诺，合同即告成立。合同的订立包括要约和承诺两个阶段，当事人之间要约和承诺的意思表示均为合同订立的程序。

1. 要约

根据现行合同法的规定，要约是指一方当事人以缔结合同为目的，向对方当事人提出合同条件，希望对方当事人接受的意思表示。发出要约的一方称要约人，接受要约的一方称受要约人。

2. 承诺

承诺是指受要约人同意接受要约的全部条件而缔结合同的意思表示。

3.合同成立的时间和地点

（1）合同成立的时间。

一般规定：合同于承诺生效时成立。

合同书形式的合同成立时间：一是以数据电文的形式订立合同的，以承诺进入收件人系统的时间为合同成立的时间。二是以普通书面形式订立合同的，如果是诺成合同，自双方当事人签字或者盖章时合同成立；如果是实践合同，则以交付标的物的签字、盖章两者时间在后者为准。双方当事人签字或者盖章不在同一时间的，最后签字或者盖章时合同成立。

确认书形式的合同成立时间。当事人采用信件、数据电文形式订立合同的，可以在合同成立之前要求签订确认书。签订确认书时合同成立。

合同的实际成立。法律、行政法规规定或者当事人约定采用书面形式订立合同，当事人未采用书面形式但一方已经履行主要义务的，若对方接受，该合同成立。

（2）合同成立的地点。

一般规定：承诺生效的地点为合同成立的地点。采用数据电文形式订立合同的，收件人的主营业地为合同成立的地点；没有主营业地的，其经常居住地为合同成立的地点。

书面合同的成立地点。当事人采用书面合同形式订立合同的，双方当事人签字或者盖章的地点为合同成立的地点。

实践中，我国法律对因合同纠纷提起的诉讼管辖有以下规定：当事人双方因合同问题发生纠纷后，要么向被告住所地人民法院起诉，要么起诉至合同履行地的人民法院。因此，一般的合同纠纷如果双方没有约定的（即在合同签订地、合同履行地、标的物所在地、被告所在地、原告所在地中选择一个）管辖法院，一般是按照被告所在地的法院来管辖。

第二节　出口合同的履行

出口合同的履约过程一般包括：备货、催证、审证、改证、租船订舱、报关、报验、投保、装船以及制单、结汇等工作环节。其中，货（备货和报检）、证（催证、审证、改证）、船（运输、投保、报关）、款（出口、结汇、单据缮制）为四个主要环节。

一、备货和报验

备货工作是指卖方根据出口合同的规定，按质按量地准备好应交的货物，并做好申请报验和领证的工作，以保证货物按时装运。

（一）备货

备货是进出口公司根据合同和信用证的规定，向生产加工及仓储部门下达联系单（有些公司称其为加工通知单或信用证分析单等），要求有关部门按联系单的要求，对应交的货物进行清点、加工、整理、刷制运输标志等项工作。

货物的质量必须与出口合同和信用证的规定相一致。严格按照买卖合同约定的质量要求交付货物，是卖方的基本义务。在备货过程中应注意以下三个问题。

1. 有关货物的品种、数量与品质规格问题

首先，对货物的品种、数量与品质、规格，应按合同的要求核实，必要时应进行适当调配与加工整理，以保证货物与合同规定一致。在备货数量上应留有余地以备调换和适应仓容之用。如果有"溢短装条款"，则卖方在履行合同时在数量上可在规定机动幅度内有所伸缩。如果凭规格、等级、标准、说明书、图片等说明达成的合同，交付货物的质量必须与合同规定的规格、等级、标准等文字说明相符；如系凭样品达成的合同，则必须与样品相一致；如既凭文字说明，又凭样品达成的合同，则两者均须相符。

其次，备货时间应根据信用证规定并结合船期予以安排，以利于船、货衔接。

2. 有关货物的包装问题

货物包装必须符合合同规定，是买卖合同的主要条款。卖方应按合同规定的包装方式交付货物。如未具体规定，应按照同类货物通用的方式装箱和包装，或足以保护货物的方式。实际是对卖方交货的最低要求。如未规定或不明确，可通过协议补充，达不成协议则按合同条款或交易习惯确定。此时，双方交往情况、买方要求和行业惯例可作为解释因素。货物包装要考虑搬运与装卸，特别是易损货物应用牢固的箱子包装。随着技术进步，对自动仓储环境处理的货物越来越多，须注意按统一尺寸包装或放置于标准尺寸托盘上，并正确印制和贴放条形码。

3. 有关货物外包装的运输标志问题

正确刷制运输标志的重要性主要反映在如下四方面：一是符合运输要求和有关国家海关的规定（如海湾国家要求用阿拉伯文）；二是保证货物被适当处置；三是掩盖包装内货物的性质；四是帮助收货人识别货物。因此，包装上印刷运输标志应符合有关进出口国家的规定，应与所有出口单证上对运输标志的描述一致。运输标志应既简洁，又能提供充分的运输信息。

买方如对货物外包装提出特殊要求则应对外包装标志加以审核，以确保无误；凡合同未规定者，应按公司制定的式样刷制。刷制时要注意清楚醒目、颜料不易脱落。

（二）报验

凡属国家规定或合同规定必须经中国进出口商品检验局检验出口的商品，货物备齐后，向商检局申请报验，只有取得商检局合格证书，海关才准予放行。检验不合格，一律不准出口。

申请报验的手续是：凡属法定检验的出口货物，应填制"出口报验申请单"，向商检局办理申请报验手续。申请单的一般内容是：商品名称、规格、数量（重量）、包装、产地等项。按规定申请报验时应提交合同副本或信用证副本等有关单据。

申请报验应注意以下四点。

第一，商检局出证后，应仔细审核商检证与信用证规定是否一致，如期间信用证有某些修改，应及时填制"更改申请单"，由商检局重新出证。

第二，商检证书一般都有有效期的规定。

第三，注意已检验商品的样品保存问题。

第四，注意检验证书的有效期。

二、催证、审证和改证

信用证结算方式是进出口贸易中最稳妥的结算方式，有着广泛的应用。落实信用证通常包括催证、审证和改证三项内容。如果信用证能早开到，其内容又与买卖合同的内容相一致，或虽有稍许出入，但我方能接受照办的，自然就不需要催开和修改信用证了。但在实际业务中，催开和修改信用证仍然是经常需要进行的工作。而审查信用证是重要的工作环节，必须认真细心对待，对信用证的掌握、管理和使用直接关系到收汇的安全。

（一）催证

催开信用证是指通过信件、电报或其他电信工具催促对方（买方）及时办理开立信用证手续并将开立的信用证送达我方，使我方及时安排装运货物出口，履行合同义务。

一般合同中均规定买方应按时开立信用证，这是出口方履约的前提。但由于市场变化和资金短缺等原因，买方会拖延开证。通常在下列情况下才有必要进行。

第一，买方在出口合同规定的期限内未开立信用证，我方可根据合同规定向对方要求损害赔偿或同时宣告合同无效。但如不需要立即采取这一行动时，仍可催促对方开证。

第二，如果我方根据备货和承运工具的情况，可以提前装运时，则可商请对方提前开证。

第三，即使开证限期未到，但发现客户资信不好，或者市场情况有变，也可催促对方开证。

催证的方法，一般为直接向国外客户发函电通知，必要时还可商请银行或我驻外机构等有关机构或代理商给予协助或配合协助催证。

（二）审证

进口人开出信用证之后，出口商就应该协助银行一起审单。从理论上说，进口人办理开证申请手续时，是根据买卖合同办理的，开证行是根据开证人的申请书开立信用证的，依此推论，受益人收到的信用证，其内容应当是与买卖合同相一致的。可是，在实际业务中，由于存在开证人或开证行工作上的疏忽和差错；某些进口国家的习惯做法或特殊规定；开证人对我国的政策不了解；国外客户故意在信用证内加列一些额外的要求或者是个别商人出于不可告人的目的，在申请开证时故设陷阱等种种原因，经常发现国外来证的内容并不完全符合买卖合同的规定，个别的甚至是大相径庭。因此，审核信用证必须十分谨慎、仔细，稍有疏忽就可能影响履约，造成损失，甚至是重大损失。

信用证结算属于银行信用，故开证行的信用关系着安全收汇。信用证虽然依买卖合同开立，但银行在审核时又是独立于买卖合同的，信用证本身是一个独立的文件。在我国，审核信用证时出口企业和银行担负着共同责任，由于银行和企业的分工不同，其审核内容上各有侧重。

1. 银行审核要点

银行主要审核下列各点：

（1）开证行的资信，以决定是否需要其他大银行加保兑。

（2）查核电开信用证密押是否相符，信开信用证签字或印鉴是否真实，以确定信用证的真伪。信用证须经银行证实真实性后方可使用。

（3）信用保付条件。责任文句是否明确完整，索赔条款和路线是否可以接受。

2. 进出口企业的信用证审核

进出口企业对信用证审核的内容一般应包括以下几方面。

（1）背景的审查。来证国家必须是与我国经济来往的国家和地区，来证各项应符合我国法律政策，否则应根据不同情况向开证行交涉。

（2）开证银行资信调查。

（3）对信用证的性质与开证行付款责任的审查。来证内载有开证行保证付款的文句。

上述三点，也是银行审证的重点，进出口公司只作复核性审查。

（4）审核受益人，要审核受益人的名称、地址有无差错，以便在制单时加以注意，特别是当受益人是总公司时。

（5）对信用证金额与货币的审查：①信用证金额应与合同金额相一致；②如合同订有"溢短装条款"，信用证金额也应包括溢短装部分的金额；③注意佣金是否在证内已扣除，信用证是否有关于佣金的指示；④信用证金额中单价与总值要填写正确，大、小写并用。来证所采用的货币应与合同规定相一致；⑤如来自与我国订有协议的国家，使用货币应与支付协议规定相符。

（6）对商品的品质、规格、数量、包装等条款的审查。证中有关商品的名称、规格、数量、包装、单价等项内容必须与合同规定相符，特别要注意有无另外的特殊条款，应结合合同内容认真研究，做出能否接受或是否修改的决策。

（7）对信用证规定的装运期、有效期到期地点的审查：①装运期必须与合同规定一致，如国外来证晚，无法按期装运，应及时电请国外买方延展装运期限；②信用证有效期一般应与装运期有一定的合理间隔，以便在装运货物后有足够时间办理制单结汇工作；③注意来证规定的最迟或最早装运期以及是否可以分批装运，转船装运；④注意生效地点应为"中国境内"，如果来证规定在国外，规定时间能办到的，则也可同意；⑤注意证内规定的最迟交单日。

（8）审核运输和保险条款。

（9）对单据的审查。对于来证要求提供的单据种类和份数及填制方法等，要仔细审核，如发现有不正常的规定，例如，要求商业发票或产地证明须由国外第三者签证以及提单上的目的港后面加上指定码头等字样，都应慎重对待。

（10）对其他特殊条款的审查。

以上只是审证的要点。在实际工作中，还应根据买卖合同条款，参照 UCP600 的规定和解释，逐条对照作详细审核。有些条款，在合同中未作规定而在信用证中却有要求，例如，要求提供装运通知的电报或电传副本、船样的邮寄数据，要求刷制指定的运输标志和/或其他标志等，也都应逐一认真对待。如能照办的，均须照办。若发现证中规定商品的品质、包装、价格与合同严重不符，单据的要求不正常，如发票、产地证须由外国第三者签证，提单目的港要加注指定码头等或其他不能接受或照办的内容，应及时向国外客户提出要求改证或取消。至于来证中的特殊条款，则应格外认真并仔细地进行审查。因特殊条款可能涉及的问题很多，不同的信用证，其内容也各有不同，而且往往不属于买卖合同规定之内的额外要求，稍有不慎，容易酿成失误，因此，必须认真对待，必要时还应与有关部门联系研究以后方能决定是否可以接受。

（三）改证

在信用证业务中，修改信用证是常有的事。按 UCP600 第 10 条的规定：除可转让信用证另有规定外，"未经开证行、保兑行（如有保兑行的话）及受益人同意，信用证既不得修改，也不得撤销"。修改信用证的内容直接关系到有关当事人的权利和义务的改变，所以，不可撤销信用证在其有效期内的任何修改，均须取得各有关当事人的同意，方能生效。修改信用证既可由开证申请人主动提出，也可由受益人主动提出。如由开证申请人提出修改，在经开证行同意后，由开证银行发出修改通知书以信件、电报等电信工具通过原通知行转告受益人，经各方接受修改书后，修改方为有效。如由受益人提出要求修改，则应首先征得开证申请人同意，再由开证申请人按上述程序办理修改。

通常在以下几种情况，我们要求改证：①来证与合同不符，开证行资信情况不可靠，可要求重新开证或保兑。②来证要求与我方有关政策相抵触，或我方不能办到，必须修改才能接受。③来证条款与我方支付协定条款相抵触，必须修改。④来证性质与合同不符，影响我方履约收汇，只有经过修改才能接受。⑤来证没有开证行保证付款的文句，只有有了明确的文句后才能接受。⑥来证与合同的主要项目（品质、数量、单价、成交条件、金额等）不符，应通知开证人修改后才能接受。⑦信用证对单据的要求过高，如熏蒸证，我方很难办到或增加费用，必须进行修改。

在办理改证的工作中，应注意以下问题。

第一，凡需要修改的各项内容，应做到一次向国外客户提出，尽量避免由于我们考虑不周而多次提出修改要求，以致增加双方的手续和费用。

第二，信用证修改时，应全面考虑资源、运输、仓储、气候等情况。

第三，对来证不符合合同规定的各种情况，必须做出具体分析，不一定坚持要求对方办理改证手续，只要来证内容不违反原则并能保证我方安全迅速收汇，我们也可以灵活掌握。

三、运输、投保、报关

在备妥货物和落实信用证后，出口企业应按买卖合同和信用证的规定，对外履行装运货物的义务。安排装运货物出口涉及的工作环节很多，其中以托运、订舱、投保、报关为主要环节。

（一）运输

1. 托运

凡由我方安排运输的出口合同，对外装运货物，租订运输工具和办理各项有关运输事项，我出口企业通常都委托我国对外贸易运输公司或其他国际货物运输代理（international freight for warder 或 freight for warding agent，简称"货运代理"）办理。所以，在货、证齐全后，出口企业应即向货运代理办理托运手续。所谓托运，是指出口企业委托货运代理办理出口货物运输事宜。

在 CIF、CFR 合同使用集装箱班轮装运货物出口的情况下，我出口企业办理托运，应向货运代理提交出口货运代理委托书（entrusting order for freight export goods），其内容通常包括：信用证规定的提单记载事项；货物的详细说明；装运港；目的港、装运期限、分批和转运的规定；对集装箱的有关要求，如集装箱的类别和数量；等等。此外，出口企业还必须向货代提供与本批货物有关的各项单据，如提货单（出仓单）、商业发票、装箱单和/或重量单（磅码单）、出口货物报关单、外汇核销单等。对有些特定货物，还需提供出口许可证、商检证等。

2. 订舱

租船订舱的简单程序如下。

外运公司每月向进出口公司分发出口船期表，表内列明航线、船名、船籍、抵港日期、截止收单日期、受载日期和挂靠港口名称等项内容，供订舱时参考。或者进出口公司在需要订舱时可与不同的货运代理公司联系，寻找合适的舱位进行订舱。

进出口公司委托外运公司办理托运手续，填写托运单，亦称"订舱委托书"，递送外运公司作为订舱依据。所谓托运单是指托运人（发货人）根据贸易合同和信用证条款内容填写的向承运人（船公司一般为船运港的船方代理人）办理货物托运的单证。

外运公司收到托运单后，会同中国外轮代理公司，具体安排船只和舱位。然后由外轮代理公司签发"装货单"，作为通知船方收货装运的凭证。

装运单，俗称下货纸，是接受了托运人提出装运申请的船公司或外轮代理公司签发给托运人，用以命令船长承运货物装船的单据。

船抵达后，由进出口公司或由外运公司代各进出口公司向仓库提取货物送至码头，经海关查验放行后，凭装货单装船。

船上装货完毕，即由船长或大副签发收货单（又称大副收据），载明货物的状况。托运人凭收货单向外轮代理公司交付运费并换取正式提单。

虽然此项工作已全部委托外运公司办理，但各进出口公司应尽力配合，与外运公司保持密切联系、妥善安排，以利按时、按质、按量完成交货和节省运费支出。

（二）投保

凡是按 CIF 价格成交的出口合同，我方在装船前，须及时向保险公司办理投保手续。出口商品的投保手续一般都是逐笔办理的。出口企业应于货物远离仓库或其他储存处所前，按照进出口合同和信用证的规定向保险公司办理投保手续，以取得约定的保险单据。在办理投保手续时，通常应填写对外运输投保单（application foreign transportation insurance），列明投保人名称、数量、包装和标志、船名、航次、预计起航日期、投保险别、保险金额等。有时也有出口企业利用现成的单据副本，如出口货物明细表、货物出口分析单等表示替代投保单。保险公司根据投保单考虑接受承保，并缮制签发保险单。

（三）报关

报关是指进出口货物装船出运前，向海关的申报手续。按照我国《海关法》的规定：凡是进出国境的货物，必须经由设有海关的港口、车站、国际航空站进出，并由货物所有人向海关申报，经过海关放行后，货物才可提取或者装船出口。

出口报关是指出口人向海关申报出口，交验有关单据和证件，接受海关对货物的查验。在出口货物的发货人缴清税款或提供担保后，经海关签印放行称为清关或称通关，通常要经过申报、征税、查验、放行四个环节。

我国《海关法》对出口货物的申报（报关）资格、时间、单证、内容等方面，均有明确规定。

申报资格。必须是经海关审核准予注册的专业报关企业、代理报关企业和自理报关企业及其报关员。报关员必须经培训通过海关全国报关员统考，取得由海关总署签署授权颁发的报关员资格证书，并经海关批准注册，才能代表所属企业办理报关手续。

申报时间。出口申报货物发货人一般应在装运的 24 小时前向海关申报（海关特准的除外）。

申报单证。指出口货物报关单、与出口货物直接相关的商业和货运单证，以及国家有关法律、法规规定实行特殊管制的证件等。

如本节运输所述，出口企业凭出口货运代理委托书委托货运代理代为订舱并安排装运货物出口，其中包括委托代办出口报关手续。在此情况下，货运代理既是货运代理企业，也是代理报关企业。货代接受出口企业的委托后，在安排运送货物至集装箱堆场的同时，应及时准备好各项报关单证。报关单证除报关单外，通常有：商业发票、装箱单（但大宗散装货物及单一品种且包装内容一致的件装货物，不需要装箱单）、出口收汇核销单等，其他有关证件，如配额证明、出口许可证、商品检验检疫证等。

出口集装箱货物进入集装箱堆场后，货运代理作为报关单位，应及时向海关递交出口货物报关单，随附上述其他报关单证。报关员向海关提交报关单，即意味着清关（通关）工作正式开始。报关单位及其报关员必须承担相应的法律和经济责任。

1. 审核单证

海关接受出口申报后，应对报关员所提交的所有单证进行审核。审单通常是以出口货物报关单为基础，根据国家有关法律、行政法规的规定，核对所收到的报关单证是否齐全、正确、有效，内容是否一致。如果所审核的单证符合国家法律法规的规定，所交验的单证齐全、无误，海关随即着手对出口货物进行查验。

2. 查验货物

查验出口货物是指海关以出口货物报关单和其他报关单证为依据，在海关监管区域内对进出口货物进行检查和核对。

在检查过程中，海关检查出口货物的名称、品质规格、包装状况、数量重量、标记唛码、生产或贸易国别等事项是否与出口报关单和其他证件相符，以防止非法出口、走私及偷漏关税等。

海关查验集装箱货物，一般在集装箱堆场和港区码头堆场。在特定情况下，可经海关同意派员去发货人的仓库或工厂查验。

3. 办理征税

征收出口税是海关的基本业务之一。由于征收出口税必将增加出口货物成本，影响其在国际市场上的竞争力，因此，许多国家对其出口货物大部分不征收出口税。我国目前征收出口税的货物也较少，但少数出口货物由于种种原因仍须征收出口税。所以，按规定应当缴纳出口税的出口货物，当海关查验货物，认为情况正常后，由海关根据我国《关税条例》和《海关税则》的规定征收出口税。出口企业或其代理在向海关按规定税率缴清税款或提供适当担保后，海关方可签章放行。

4. 清关放行

清关放行是海关对出口货物进行监管的最后一项业务程序。出口企业或其代理（货运代理）按海关规定办妥出口申报（报关），经海关审核单证、查验货物和征收出口税后，海关接受对货物的监管，准予装运出境。在放行前，海关派专人负责审查核批货物的全部报关单证及查验货物记录，并签署认可，然后在装货单（海运情况下）上盖放行章，货方才能凭该装货单（S/O）要求船方装运出境。同时，海关在出口收汇核销单上加盖验讫章，退报关员，以供出口企业凭此到外汇管理局办理出口收汇核销手续。

目前，我国的出口企业在办理报关时，可以自行办理报关手续，也可以通过专业的报关经纪行或国际货运代理公司来办理。

出口合同履行过程中，货、证、船的衔接是一项细致又复杂的工作。

为了提高外销合同的履约率，及时发现问题并解决，外贸行政管理部门均要求各进出口公司围绕有无信用证和货源是否落实经常要进行"四排"工作，即一个合同接一个合同地按次序摆放解决问题。有证有货，安排出运；有证无货，积极备货；无证有货，加速催证；无货无证，一边备货，一边催证。

为了有效地利用信用证，使出口货物能早日收汇，外贸公司要与外运公司密切配合，及时出具装运单，以利统筹安排租船/订舱事宜。为此，以外运公司为主，对每天出口船舶，根据各公司出具装货单的欲装货物数量进行统计，为避免超出船舶所能装载量，外运公司经常进行"三平衡"工作，其原则是：有证有货先装，无证无货暂不能接受其装货单。信用证即将到期的先装，信用证有较长有效期的缓装；各公司均有证有货，则应视情况，分轻重缓急装运。货价较高创汇多，或货物为了应市，或易于腐烂变质的先装，反之货价较低的，而且又不超过装船期的就要暂缓装运。

四、出口、结汇

（一）结汇的方法

1. 信用证条件下的三种结汇方法

在货物装船，进出口公司已取得大副收据等单据后，应立即按信用证的要求，正确缮制各种单据，并在信用证规定的交单期内，送交银行议付和结汇。

议付，即指示出口地银行购买出口人出具的汇票和货运单据的行为。

我国出口结汇的办法有三种：收妥结汇、押汇和定期结汇。

收妥结汇，又称收妥付款，是指议付行收到外贸公司的出口单据后，经审查无误，将单据寄交国外开证行或指定付款行办理索取货款的手续，在收到货款后将所得外汇折成人民币汇入进出口公司的账户。

收妥结汇的弊病在于：不利于加速资金周转。由于交单不付款，外贸公司不能及时收回货款，也增加了利息负担。不利于明确经济责任，容易造成逾期未收汇，或发生呆账或坏账。不利于提高配单质量和审单质量，影响及时收汇，加大汇率风险。

押汇（bill receivables），又称买单结汇，是指议付行在审查单证无误情况下，按信用证条款买入受益人的汇票和单据，从票面金额中扣除从议付日到估计收到票款之日的利息，将余额按议付日外汇牌价折成人民币，拨交外贸公司。

押汇实际上是银行向出口商提供的一笔短期外汇流动资金贷款，因此议付行对垫款阶段的资金占有须收取一定的押汇息来补偿。银行之所以做出口押汇，是为了给出口商提供资金融通的便利，这有利于加速出口商的资金周转。

定期结汇，是议付行根据国外付款行索偿所需时间，预先确定一个固定的结汇期限，到期后主动将票款金额折成人民币，拨交外贸公司。

2. 非信用证结汇与国际保理业务

为了适应国际贸易的发展和国际货款结算中非现金结算方式日益增加的需要，在国际贸易中，遂出现了集信用管理、资金融通和结汇于一体的国际保理业务。

国际保理业务又叫承购应收账款业务，是指在使用托收赊销等非信用证方式结算货款时，保理商向出口商提供的一项集买方资信调查、应收款管理和追账、贸易融资及信用管理于一体的综合性现代金融服务。其基本做法是，在以商业信用出口货物时，出口商按照与保理商事先确定的协议，向进口商交货后把应收账款的发票和装运单据转交给保理商，即可得到保理商的资金融通，取得应收账款的全部或大部分货款。日后一旦发生进口商不付款或逾期付款，则保理商承担付款责任。

3. 外汇核销

根据 2003 年 8 月 5 日发布的国家外汇管理局发布的《出口收汇核销管理办法实施细则》的规定，为完善出口收汇核销管理，防止外汇流失，根据《出口收汇核销管理办法》，特制定实施细则。境内出口单位向境外出口货物，均应当办理出口收汇核销手续。企业出口货物后，必须在规定的期限内足额准时收汇，并以出口收汇核销单为主线索向注册地外汇管理局提供必需的单证并按照必需的程序进行进出口收汇核销。

（二）处理单证不符情况的几种办法

在信用证项下的制单结汇中，议付银行要求"单、证表面严格相符"。但由于种种原因，单、证不符情况时常发生。如信用证的交单期允许，应及时修改单据，使之与信用证的规定一致。如不能及时改正，则应酌情选择如下处理方法。

1. 表提

表提又称为"表盖提出"，即信用证受益人在提交单据时，如存在单、证不符，向议付行主动书面提出单、证不符点。通常，议付行要求受益人出具担保书，担保如日后遭到开证行拒付，由受益人承担一切后果。在这种情况下，议付行为受益人议付货款。因此，这种做法也被称为"凭保议付"。表提的情况一般是单、证不符情况并不严重，或虽然是实质性不符，但事先已经开证人（进口商）确认可以接受。

2. 电提

电提又称"电报提出"，即在单、证不符的情况下，议付行先向国外开证行拍发电报或电传，列明单、证不符点，待开证行复电同意再将单据寄出。电提的情况一般是单、证不符属实质性问题，金额较大。用电提方式可以在较短的时间内由开证行征求开证申请人的意见。如获同意，则可以立即寄单收汇；如不获同意，受益人可及时采取必要措施对运输中的货物进行处理。

3. 跟单托收

如出现单、证不符，议付行不愿以表提或电提的方式征询开证行意见。在此情况下，信用证就会彻底失效。出口企业可以采用托收方式，委托银行寄单代收货款。

这里需要指出的是，无论是采用"表提""电提"，还是"跟单托收"方式，信用证受益人都失去了开证行在信用证中所作的付款保证，从而使出口收汇从银行信用变成了商业信用。

五、单据缮制

（一）制单的总要求

出口商需要提供信用证所要求的所有单据，制单的基本原则可以用"四个一致"概述：

"单、证一致"，即单据与信用证规定完全一致。

"单、单一致"，即单据与单据之间某一相应的项目要互相一致，各种单据的内容只能相互补充，不能彼此矛盾。

"单、货一致"，即单据上所叙述的各有关项目必须与实际货物情况完全一致，单、货一致体现出口商的信誉。

"单、同一致"，即单据所表示的内容必须与合同要求完全一致。

对结汇单据，要求做到"正确、完整、及时、简明、整洁"。

（二）几种主要单据的制作

1. 汇票（bill of exchange draft）

缮制汇票应注意以下问题：

付款人。采用信用证支付方式时，汇票的付款人应按信用证的规定填写，如来证没有具体规定付款人名称，可理解为付款人是开证行。采用托收的支付方式，汇票的付款人应填写国外进口人。

收款人。无论是采用托收方式还是信用证方式，除个别来证另有规定，汇票的收款人均应填写托收行或议付行——中国银行。

开具汇票的依据。如属于信用证方式，应按照来证规定文句填写，如信用证没有规定具体文句，可在汇票上注明开证行名称、地点、信用证号码及开证日期。如属于托收方式下付款的凭证之一，则应在汇票上注明有关合同号码等。

汇票一般开具一式两份（均为正本），两份具有同等效力，分两个航班投邮。其中一份付讫，另一份自动失效。

2. 发票（invoice）

发票分为商业发票、海关发票、领事发票、厂商发票。

（1）商业发票。

商业发票（Commercial invoice）：它是卖方开立的载有货物名称、数量、价格等内容的清单，作为买卖双方交接货物和结算货款的主要单证，也是进出口报关完税必不可少的单证之一。

商业发票主要有三个方面的作用：①便于进口商核对已发货物是否符合合同。②作为进口商和出口商本身记账的根据。③在出口地和进口地作为报关纳税的计算依据。

作为整套货运单据的中心，其他单据都应向它看齐。它本身不是代表货物的物权凭证，但单据缺少了发票，就不能了解这一笔交易的全貌。

在不同汇票的情况下，它代替汇票作为付款依据。

发票的格式一般无统一规定，但主要项目基本相同，包括发票编号、开证日期、数量、包装、单价、总值和支付方式等项内容。在有佣金、折扣的交易中，经进出口双方商定，还可在发票的总值中列明内扣佣金或折扣是多少。

在制作发票时，应注意以下问题：

收货人。如属信用证方式，除少数信用证另有规定外，一般应填写来证的开证申请人。如属托收方式，收货人一般应为合同的买方。

对货物的名称、规格、数量、单价、包装等项内容的填制。凡属信用证方式，必须与来证所列各项要求完全相符，不能有任何遗漏或改动。如来证内没有规定详细凭证和规格，必要时可按合同加注一些说明，但不能与来证的内容有出入，以防国外银行挑剔而遭到拖延或拒付货款。如属托收方式，对上述内容应按照合同的规定结合实际装货情况详细填制。

如客户要求或信用证规定的发票内加列船名、原产地、生产企业的名称、进口许可证号码等，均可一一照办。

来证和合同规定的单价含有佣金发票上应照样填写，不能以"折扣"字样代替。如来证和合同规定有"现金折扣"（cashdiscount）的字样，在发票上也应全名照列，不能只写"折扣"或"贸易折扣"（tradediscount）等字样。

凡属信用证方式，发票的总值不能超过信用证规定的最高金额，按照银行惯例的解释，开证银行可以拒绝接受超过信用证所许可金额的商业发票。

如信用证内规定"选港费"（optionalcharges）、"港口拥挤费"（portcongestioncharges）或"超额保费"（additionalpremium）等费用由买方负担，并允许凭本信用证支取的条款，可在发票上将各项有关费用加总，一并向开证银行收款。但是如果信用证内未作上述说明，即使合同中有此约定，也不能凭信用证支取。除非国外客户同意并经银行通知在信用证内加列上述条款，否则上述增加费用应另制单据通过银行托收解决。

由于各国法令或习惯不同，有的来证要求在发票上加注"证明所列内容真实无误"［或称"证实发票"（certifiedinvoice）］，货款已经"收讫"［或称"收妥发票"（receipt-invoice）］或有关出口人国籍、原产地等证明文句，我们应在不违背我国法令和政策的前提下，酌情办理。出具"证实发票"时，应将发票的下端通常印有的"有错当查"（E. & O. E.为 errors and omissions excepted 的缩写）字样删去。

（2）海关发票。

海关发票（customs invoice）：又叫估价和原产地联合证明书 CCVO（combined certificate of value and origin），或叫根据 XX 国海关法令的证实发票（certified invoice in accordance with ××× customs regulations）。它是某些国家的海关制定的一种固定格式的发票，要求国外出口商人填制，主要作为估价完税或征收差别税或征收反倾销税的依据。此外，还供编制统计资料之用。

其主要内容包括：价值部分，如 CIF 要分别列明运费、保险费若干和 FOB 金额；产地部分；证明部分，要有负责人手签，有的还加证明人手签。

填写海关发票时要注意以下问题：各国使用海关发票均有专用格式，不要混用。凡是商业发票上和海关发票上共有的项目和内容，必须与商业发票保持一致，不得相互矛盾。"出口国国内市场价格"一栏，其价格高低是进出口海关征收"反倾销税"的重要依据，填制时应慎重。如成交价格为 CIF 条件，必须同时标明 FOB 价、运费、保险费，三者之和与 CIF 值相等。签字人与证明人均需以个人身份出现，而且不能是同一人。个人签字只有手签才有效。产地国家栏不可遗漏"China"。国内费用以人民币计价，必要时还应注明兑换率。

（3）领事发票。

领事发票（consular invoice）：有些国家，如一些拉美国家和菲律宾等国规定，凡输往该国的货物，国外出口人必须向该国海关提供该国领事签证的发票。领事发票的作用与海关发票基本相似。如国外来证要求我方提供领事签证，一般不予接受，或要求其改证。特殊情况下应按经贸部的有关规定办理。

（4）厂商发票。

厂商发票（manufacturer's invoice）：是由出口货物的制造厂商所出具的以本国货币计算价格、用来证明出口国国内市场的出厂价格的发票。其目的也是供进口国海关估价、核税以及征收反倾销税之用。如果国外来证有此项要求，应参照海关发票有关国内价格的填制办法处理。

在缮制发票时容易出现以下差错，应予以注意：发票抬头不符，常有人把提单上的被通知人作为发票抬头，而被通知人有时并非开证申请人；名不符或规格不全；净重及牌名等漏掉；贸促会签证漏掉；CIF 价格分列金额算错；发票金额超过信用证公允的幅度；来证对发票上要求注明的内容如能办到的一定照办，若不能办应事先请对方修改；海关发票应使用手签，不能用图章。

3. 提单（bill of lading）

提单是各项单据中最重要的单据，是货物的物权凭证，关系到货物的所有权。在制作过程中应格外注意以下问题：

（1）提单的种类。国外来证均要求"清洁、已装船"提单（clean or broad B/L），如果信用证提供的提单不是清洁的、已装船的提单，银行不予接受。如果信用证未规定可否转船，按照银行惯例，银行可接受包括装运港至目的港全程的转船提单或联运提单。

（2）提单的发货人（shipper）。如信用证无特别规定，应以受益人为发货人，也可以外运公司或驻港贸易机构为发货人，银行均可接受。

（3）提单的收货人（consignee）。提单收货人即提单抬头人。在信用证或托收方式下，抬头有下列几种：

无记名或来人抬头（toorder）。受益人须作空白背书。

发货人抬头（toorder of shipper/consignee）。提单抬头照打，但需发货人背书。提单漏加背书，开证行可拒付。

记名抬头。如果以开证行作为收货人（consigned to XX bank），银行可接受。

议付行抬头。如果以中国银行作议付行（toorder of bank of China），经中国银行背书后生效。

（4）提单的货物名称。提单上有关货物名称可以用概括性的商品统称，不必列出详细规格，但应注意不能与来证所规定的货物特征相抵触。

（5）提单的运费项目。如按 CIF 或 CFR 价格成交，在提单上应注明"运费已付"（freight prepaid）；如按 FOB 价格成交，在提单上则注明"运费到付"（freight to collect）。除信用证内另有规定外，提单上不必列出运费的具体金额。

（6）提单的目的港和件数。原则上应和运输标志上所列的内容相一致。对包装物在装船过程中，如发生漏装少量件数，可在提单上运输标志件号前加"ex（except）"字样，以表示其中有缺件。

（7）提单的签发份数。收货人是凭提单正本提取货物，为了避免提单正本在递交过程中丢失，而发生收货人提货困难的情况，承运人一般签发的提单正本为两份，也可应托运人的要求签发两份以上，签发的份数应在提单上加以注明。每份正本提单的效力是相同的，但是，只要其中一份凭以提货，其他各份自动失效。因此，合同或信用证中规定要求出口人提供"全套提单"（full set or complete set B/L），就是指提交承运人在签发的提单上所注明的全部份数的正本。

提单签字的几项特殊要求：

货运斯里兰卡提单，要手签。

货运阿拉伯各国提单，须注明非以色列船，不靠以色列港，不经以色列领水、领海，等等。

货运缅甸提单，要严格审核，不能有任何涂改，否则有可能被缅甸海关视为伪造提单而被没收。

货运阿根廷提单，有的来证要求由发货人（出口企业）在提单正面签字和加盖日期，并需手签。

有关装运的其他条款：买方有时限于本国法令，或为了使货物迅速到达或其他原因，在来证中加列其他装运条款，并要求出口人照办。如要求出口人提供航线证明、船籍、船龄证明，或指定装运船名、指定转运港、指定用货柜货轮，等等。对上述各项要求，我们应按照经贸部及有关部门的规定，并结合运输条件灵活掌握，如属不合理的或我方难以办到的运输条款，必须向国外客户提出修改信用证。

4. 保险单（insurance policy）

关于保险单应注意以下问题：

保险单抬头。如果来证无其他规定，保险单的被保险人应是信用证的受益人，并由其背书，便于保单办理转让。

保险险别和保险金额要与来证的规定相符。保险单上的运输标志、包装及数量、货名、船名、大约开航日期、装运港和目的港等项内容应与提单一致。

保险单上的签发日期，应早于或与提单日期同一天，但不得迟于提单日期，除非保险单注明承担自装船日起的风险，否则开证行可以拒绝接受。

保险单上的金额。一般应是加成投保额，最低投保额必须是货物 CIF 总值或 CIP 总值的金额的110%，小数点后的数字均变为整数计，保单上大小写金额必须一致。

5. 产地证明书（certificate of origin）

这是一种证明货物原产地或制造地的证件。不用海关发票或领事发票的国家，要求提供产地证明可确定对货物应征收的税率。有的国家限制从某个国家或地区进出口货物，也有要求以产地证来证明货物的来源。

产地证明书一般由出口地的公证行或工商团体签发。在我国，可由中国进出口商品检验局或贸促会签发。

6. 普惠制单据（generalized system of preferences document）

普惠制单据简称GSP。目前，已有美国、加拿大、日本、澳大利亚、新西兰、挪威、波兰、俄罗斯、白俄罗斯、乌克兰、捷克、斯洛伐克、哈萨克斯坦等28个国家和地区给予我国以普惠制待遇。向这些国家出口的货物，须提供普惠制单据，作为进出口国有关减免关税的依据。

7. 装箱单和重量单（packing list and weight list）

这两种单据用来补充商业发票内容的不足，便于国外买方在货物到达目的港时，督促海关检查和核对货物。

装箱单又称花色码单，列明每批货物的逐件花色搭配；重量单则列明每件货物的毛、净重。在实际业务中，卖方需要提供这两种单据，或只提供其中一种。它是根据国外来证规定及商品性质来决定的。

8. 检验证件

此类证件一般应由中国商品检验局（CCIB）出具，也有贸促会或生产厂商出具的。注意商检证件的内容应符合合同或信用证规定。

第三节　进口合同的履行

在进口贸易的整个过程中，进口合同的履行是进口交易的一个实质性的阶段，是合同的当事人实现合同内容的具体行为，当进口合同签订之后，进口企业就要根据合同的规定履行支付价款、接收货物等义务。

在我国的进口业务中，一般按 FOB 价格条件成交的情况较多，如果是采用即期信用证支付方式成交，履行这类进口合同的一般程序包括开立信用证、租船订舱、装运、办理保险、审单付款、接货报关、检验、拨交、索赔等环节。这些环节的工作是由进出口公司、运输部门、商检部门、银行、保险公司以及用货部门等各有关方面分工负责、紧密配合而共同完成的。

一、开立信用证

进口合同签订后，按照合同规定填写开立信用证申请书（application for letter of credit），向银行办理开证手续。该开证申请书是开证银行开立信用证的依据。进口商申请开立信用证，应向开证银行交付一定比率的押金或抵押品，开证人还应按规定向开证银行支付开证手续费。

信用证的内容应与合同条款一致，例如，品质、规格、数量、价格、交货期、装货期、装运条件及装运单据等应以合同为依据并在信用证中一一做出规定。

信用证的开证时间应按合同规定办理，如合同规定在卖方确定交货期后开证，买方应在接到卖方上述通知后开证；如合同规定在卖方领到出口许可证或支付履约保证金后开证，则买方应在收到卖方已领到许可证的通知或银行通知保证金已照收后开证。

卖方收到信用证后如提出修改信用证的请求，经买方同意后即可向银行办理改证手续。最常见的修改内容有延展装运期和信用证有效期、变更装运港口等。

二、派船接运货物

履行 FOB 交货条件下的进口合同，应由买方负责派船到对方口岸接运货物。卖方在交货前一定时间内，应将预计装运日期通知买方。买方在接到上述通知后，应及时向运输公司办理租船订舱手续，在办妥租船订舱手续后，应按规定的期限将船名及船期及时通知对方，以便对方备货装船。同时，为了防止船货脱节和出现"船等货"的情况，注意催促对方按时装运。对数量大或重要物资的进口，如有必要也可请驻外机构就地了解、督促对方履约，或派人员前往出口地点检验监督。国外装船后，卖方应及时向买方发出装船通知，以便买方及时办理保险和做好接货等项工作。

三、投保货运险

FOB 或 CFR 交货条件下的进口合同，保险由买方办理。进口商（或收货人）在向保险公司办理进口运输货物保险时有两种做法：一种是逐笔投保方式，另一种是预约保险方式。

逐笔投保方式是进口商或收货人在接到国外出口商发来的装船通知后，直接向保险公司提出投保申请，填写"起运通知书"并送交保险公司。保险公司承保后，即在"起运通知书"上签章，进口商（或收货人）缴付保险费后，保险公司出具保险单，保险单随即生效。

预约保险方式是进口商或收货人同保险公司签订一个总的预约保险合同，按照预约保险合同的规定，所有预约保险合同项下的按 FOB 及 CFR 条件进口货物的保险都由该保险公司承保。预约保险合同对各种货物应保险的险别做出具体规定，所以投保手续比较简单。每批进口货物在收到国外装船通知后，即直接将装船通知寄到保险公司或填制国际运输预约保险起运通知书，将船名、提单号、开船日期、商品名称、数量、装运港、目的港等项内容通知保险公司，即作为已办妥保险手续，保险公司则对该批货物负自动承保责任，一旦发生承保范围内的损失，由保险公司负责赔偿。

四、审单和付汇

银行收到国外寄来的汇票及单据后，对照信用证的规定核对单据的份数和内容。如内容无误，即由银行对国外付款。同时进出口公司用人民币按照国家规定的有关外汇牌价向银行买汇赎单。进出口公司凭银行出具的"付款通知书"向用货部门进行结算。如审核国外单据发现单、证不符时，应做出适当处理。处理办法很多，包括：停止对外付款；相符部分付款，不符部分拒付；货到检验合格后再付款；凭卖方或议付行出具担保付款；要求国外改正单据；在付款的同时提出保留索赔权等。

五、报关、纳税

（一）进口报关

进口货物到货后，由进口公司或委托货运代理公司或报关行根据进口单据填具"进口货物报关单"向海关申报，并随附发票、提单、装箱单、保险单、进口许可证及审批文件、进口合同、产地证和所需的其他证件。如属法定检验的进口商品，还须随附商品检验证书。货、证经海关查验无误，才能放行。

（二）纳税

海关按照《中华人民共和国海关进出口税则》的规定对进口货物计征进口关税。货物在进口环节由海关征收（包括代征）的税种有关税、产品税、增值税、工商统一税及地方附加税、盐税、进口调节税等。对主要税种，如关税、产品税、增值税、工商统一税和进口调节税的计算方法介绍如下。

1. 关税

进口关税是货物在进口环节由海关征收的一个基本税种。进口关税的计算是以 CIF 价格为基数计算。如果是 FOB 价格进口，还要加上国外运费和保险费，其公式为：

$$进口关税税额 = CIF 价格 \times 关税税率$$

2. 产品税、增值税和工商统一税（地方附加税）

产品税、增值税和工商统一税（地方附加税）都是货物进口环节由海关代征的税种。这三种税是按不同单位或进口货物的不同种类适用其中一种税，而不是同时征收两种或三种。

如果是三资企业的进口货物，征收工商统一税并按工商统一税税额征收 1% 的地方附加税；如果是属于初级产品的货物，则征收产品税；进口经加工或多次加工的产品，征收增值税，其中多数机电仪产品征收增值税。这三种税的征收基数是完税价格，其公式如下：

$$应纳税额 = 完税价格 \times 税率$$

由此推算出来完税价格为：

$$完税价格 = （CIF 价格 + 关税）/（1 - 税率）$$

3. 进口调节税

进口调节税是国家对限制进口的商品或其他原因加征的税种，这是进口货物关税的附加税。具体计算公式为：

$$进口调节税＝CIF\ 价格×进口调节税税率$$

六、验收和拨交货物

（一）验收货物

进口货物运达港口卸货时，要进行卸货核对。如发现短缺，应及时填制"短卸报告"交由船方签认，并根据短缺情况向船方提出保留索赔权的书面声明。卸货时如发现残损，货物应存放于海关指定仓库，待保险公司会同商检局检验后做出处理。对法定检验的进口货物，必须向卸货地或到达地的商检机构报验，未经检验的货物不准投产、销售和使用。如进口货物经商检局检验发现有残损短缺，应凭商检局出具的证书对外索赔。对合同规定的卸货港检验的货物，或已发现残损短缺有异状的货物，或合同规定的索赔期即将届满的货物等，都需要在港口进行检验。

一旦发生索赔，有关的单证如国外发票、装箱单、重量明细单、品质证明书、使用说明书、产品图纸等技术资料，以及理货残损单、溢短单、商务记录等，都可以作为重要的参考依据。

（二）办理拨交手续

在办完上述手续后，如订货或用货单位在卸货港所在地的，则就近转交货物；对订货或用货单位不在卸货地区的，则委托货运代理将货物转运内地并转交给订货或用货单位。关于进口关税和运往内地的费用，由货运代理向进出口公司结算后，进出口公司再向订货部门结算。

七、索赔与理赔

在进口业务中，如果进口方没有收到货物，或者发现收到的货物在品质、数（重）量和包装等方面与合同规定的不符或有残损，可向有关方面提出索赔。

（一）索赔的对象

一旦发生索赔事故，首先就要弄清事实，分清责任，明确索赔对象，然后向有关责任方提出索赔的要求。

1. 向卖方索赔

凡属因卖方责任造成货物品质与合同规定不符、数（重）量短缺、包装不良、拒不交货或不按期交货，进口方均可向卖方索赔。

2. 向保险公司索赔

如果属于自然灾害、意外事故、外来原因或运输装卸过程中其他事故致使货物受损，并且在保险范围内的，那么进口方都可以向保险公司索赔。即使属于承运人的过失造成货物残损、遗失，而承运人不予赔偿或赔偿金额不足抵补损失的部分，进口方也应向保险公司或其他代理人索赔。

3. 向运输公司索赔

如果卸货数量少于提单记载的数量，或由于运输公司过失导致货物残损，或由于运输公司运输的原因，造成到货延迟等，均可向运输公司索赔。

（二）索赔的期限

进口方必须在规定的索赔期限内提出索赔声明，以保留索赔权利。此时，进口方应特别注意索赔的时效。对外索赔必须在合同规定的索赔期限内提出，否则索赔无效。如果合同未对索赔期限做出规定，根据《公约》的规定，对卖方索赔的期限应为买方实际收到货物之日起2年；根据《海牙规则》的规定，对船公司索赔的时限是货到目的港交货后1年；根据我国《海运货物保险条款》的规定，对保险公司索赔的时限一般为货物在目的港全部卸离海轮后2年。

（三）索赔的证据

对外提出索赔要提供足够的证据，其中商品检验证书最为重要。在办理索赔时，应制备索赔清单，随附商检证书、发票、装箱单和提单副本，可根据不同的索赔对象另附有关证件。如向卖方索赔时，如果采用 FOB 或 CFR 术语，应随附保险单一份。

第七章 国际贸易方式与创新探究

第一节 传统贸易方式探析

贸易方式是指国际贸易中采用的各种办法，跨境电商是贸易方式之一。随着国际贸易的发展，贸易方式亦日趋多样化，除采用逐笔售定的方式外，还有经销、代理、寄售、拍卖、招标与投标。第二次世界大战后，由于大多数发展中国家对外支付能力明显下降，保护主义重新抬头，来料加工、来件装配等贸易方式的应用也日益普遍。近年来，随着互联网的迅速发展，跨境电商得到了迅猛发展。

一、经销与代理

（一）经销

1. 经销的含义

经销是指进口商（即经销商）与国外出口商（即供货商）达成协议，承担在规定的期限和地域内购销指定商品的义务。

2. 经销的分类

按经销商权限的不同，经销方式可分为以下两种。

独家经销，亦称包销，是指经销商在规定的期限和地域内，对指定的商品享有独家专营权。

一般经销，亦称定销，在这种方式下，经销商不享有独家专营权，供货商可在同一时间、同一地区内委派几家商号来经销同类商品。

3. 经销的特点

独家经销商与供货人之间是买卖关系，经销商完全是为了自己的利益购进货物后转售，自筹资金，自负盈亏，自担风险。在包销方式下，只有包销人承担从供货人那里购进指定商品的义务，供货人才授予他独家经营的权利。从法律上讲，供货人与经销商之间是本人对本人的关系，经销人是以自己的名义购进货物，在规定的区域内转售时，也是以自己的名义进行，货价涨落等经营风险也由经销商自己承担。

4. 独家经销协议的内容

经销协议是供货人和经销人订立的确立双方法律关系的契约，独家经销协议通常包括以下内容。

（1）包销商品的范围。经销商品可以是供货人经营的全部商品，也可以是其中的一部分商品，在协议中要明确定明商品的范围以及同一类商品的不同牌号和规格。

（2）独家经销的区域。经销地区是指经销人行使经营权的地理范围。它可以是一个或几个城市或某地区，也可以是一个甚至几个国家。

（3）包销数量或金额。经销协议还应规定经销人在一定时期内的经销数量或金额，在包销协议中这是必不可少的内容之一。

（4）作价方法。经销商品可以在购买期限内一次作价，结算时以协议规定的固定价格为准。

（5）经销商品的其他义务。在许多经销协议中，往往要求经销商负责做好广告宣传、市场调研和维护供货人权益等工作。

（6）经销期限和终止条款。可规定经销期限为签字生效起一年或若干年。

（二）代理

所谓代理是指代理人按照本人的授权，代表本人与第三人订立合同或从事其他法律行为，而由本人直接享有由此而产生的权利与承担相应的义务。

1. 代理的分类

国际货物买卖中的代理可从不同角度分类，按委托人授权的大小可分为总代理、独家代理和一般代理。

总代理是委托人在指定地区的全权代表，他有权代表委托人从事一般商务活动和某些非商务性事务。

独家代理是在指定地区和期限内单独代表委托人行事，从事代理协议中规定的有关业务的代理人。委托人在该地区内不得委托其他代理人。

2. 代理的性质与特点

代理人在代理业务中，只是代表委托人行为。代理人与委托人通过代理协议建立的这种契约关系是属于委托代理关系，而不同于经销中的买卖关系。

3. 代理协议的内容

代理协议是明确委托人和代理人之间权利与义务的法律文件。协议内容由双方当事人根据双方的意愿加以规定。销售代理协议主要包括以下内容：

代理商品和地区。协议要明确规定代理商品的品名、规格以及代理权行使的地理范围。

代理人的权利与义务。一般应包括下述内容：明确代理人的权利范围，规定代理人在一定时期内应推销商品的最低销售额；代理人应在代理权行使的范围内，保护委托人的合法权益；代理人应承担市场调研和广告宣传的义务。

委托人的权利与义务。委托人的权利主要体现在对客户的订单有权接受，也有权拒绝，对拒绝订单的理由，可以不做解释，代理人也不能要求佣金。

佣金的支付。协议要规定在什么情况下代理人可以获得佣金。有的协议规定，对直接由代理人在规定的区域内获得的订单而达成的交易，代理人有权得到佣金。

二、寄售与展卖

(一) 寄售

寄售是指出口人先将准备销售的货物运往寄售地，委托当地代理商按照寄售协议规定的条件，以自己的名义在当地市场代为销售商品，然后将货款扣除佣金和各项费用后汇交给寄售人的一种贸易方式。

1. 寄售的特点

寄售与正常的出口销售相比，具有以下特点。

第一，寄售人与代销人是委托代售关系。代销人只能根据寄售人的指示代为处置货物，在委托人授权范围内可以以自己的名义出售货物、收取货款并履行与买主订立的合同，但货物的所有权在寄售地售出之前仍属寄售人。

第二，寄售是由寄售人先将货物运至寄售地，再寻找买主，因此它是凭实物进行的现货交易。

第三，寄售方式下，代销人不承担任何风险和费用，货物售出前的一切风险和费用均由寄售人承担。

2. 寄售协议的主要内容

寄售协议是寄售人和代销人之间就双方的权利、义务以及寄售业务中的有关问题签订的法律文件。寄售协议中一般应包括下列内容：协议性质，寄售地区，寄售商品名称、规格、数量，作价方法，佣金的支付，货款的收付以及保险的责任、费用的负担、代销人的其他义务等。

（二）展卖

展卖是利用展览会和博览会及其他交易会形式，对商品实行展销结合的一种贸易方式。

1. 展卖的做法

展卖可以采取各种不同的方式。从展卖商品的所有方和客户的关系来看，展卖的做法主要有三种。

第一，将货物通过签约方式卖断给国外客户，双方是一种买卖关系，由客户在国外举办或参加展览会，货款可在展览会后或定期结算。

第二，由双方合作，展卖时货物所有权不变，展品出售的价格由货主决定。国外客户承担运输、保险、劳务及其他费用，货物出售后收取一定的手续费作为补偿。展卖结束后，未售出的货物可以折价卖给合作的客户或运往其他地方进行再次展卖。

第三，将寄售和展卖方式结合起来进行。即在寄售协议中规定，代销人把寄售的商品在当地展卖。至于展卖的有关事项，可在该协议中同时规定，也可另签协议作出规定。

2. 展卖的特点

展卖作为一种商品推销方式，其基本特点可概括为：把出口商品的展览和推销有机地结合起来，边展边销，以销为主。

三、招投标与拍卖

（一）招投标

1. 招投标的含义

招标与投标是一种贸易方式的两个方面。

招标是指招标人（买方）发出招标通知，说明拟采购的商品名称、规格、数量及其他条件，邀请投标人（卖方）在规定的时间、地点按照一定的程序进行投标的行为。

投标是指投标人（卖方）应招标人的邀请，按照招标的要求和条件，在规定的时间内向招标人报价，争取中标的行为。

招投标方式与逐笔售定的方式相比，有很大区别。招投标方式中，投标人是按照招标人规定的时间、地点和交易条件进行竞卖，双方没有反复磋商的过程。投标人发出的投标书是一次性报盘。鉴于招投标是一种竞卖方式，卖方之间的竞争使买方在价格及其他条件上有较多的选择，因此在大宗物资的采购中，这一方式被广泛运用。

2. 招投标的特点

招投标方式中，投标人是按照招标人规定的时间、地点和程序规则报价。按照规则，严格禁止招标人和投标人就招投标的实质内容单独谈判。一般情况下，双方没有反复磋商的过程。

3. 招投标的基本做法

商品采购中的招投标业务基本上包括四个步骤：招标、投标、开标评标和签约。

招标。国际招标主要有公开招标和非公开招标两种。①公开招标是指招标人在国内外报刊上发布招标通告，将招标的意图公布于众，邀请有关企业和组织参加投标。②非公开招标又称选择性招标。招标人不公开发布招标通告，只是根据以往的业务关系和情报资料，向少数客户发出招标通知。

投标。投标人首先要取得招标文件，编制投标书。

投标书实质上是一项有效期至规定开标日期为止的发盘，内容必须十分明确，并且在有效期内不得撤回标书、变更标书报价或对标书内容做实质性修改。投标书应在投标截止日期之前送达招标人或其指定的收件人，逾期无效。

开标评标。开标有公开开标和不公开开标两种方式。公开开标是指招标人在规定的时间和地点当众启封投标书、宣读内容，投标人都可参加，监视开标。不公开开标则是由开标人自行开标和评标，选定中标人，投标人不参加。

签约。招标人选定中标人之后，要向其发出中标通知书，约定双方签约的时间和地点。中标人签约时要提交履约保证金，取代原投标保证金，用以担保中标人将遵照合同履行义务。

（二）拍卖

国际贸易中的拍卖是由经营拍卖业务的拍卖行接受货主的委托，在规定的时间和场所，按照一定的章程和规则，以公开叫价的方法，把货物卖给出价最高的买主的一种贸易方式。

国际货物的拍卖方式具有以下特点：

拍卖是在一定的机构内有组织地进行的。拍卖一般都在拍卖中心、拍卖行的统一组织下进行。拍卖行可以是由公司或协会组成的专业拍卖行。

拍卖具有自己独特的法律和规章。拍卖不同于一般的进出口交易，这不仅表现在交易磋商的程序和方式上，也表现在合同的成立和履行等问题上。许多国家的买卖法中对拍卖业务有专门的规定。

拍卖是一种公开竞买的现货交易。拍卖采用事先看货、当场叫价、落槌成交的做法。拍卖开始前，买主可以查看货物，做到心中有数。拍卖开始后，买主当场出价、公开竞买，由拍卖主持人代表货主选择交易对象。成交后，买主即可付款提货。

第二节 跨境电商及其交易流程

一、跨境电商的概念

跨境电商是分属不同关境的交易主体通过电子商务平台达成交易，进行支付结算，并通过跨境物流及异地仓储送达商品，完成交易的一种国际商业活动。跨境电商的概念有狭义和广义之分。

狭义的跨境电商可理解为跨境零售，是指分属不同关境的交易主体通过网络完成交易，进行支付结算，并利用邮政快递、商业快递和专线物流等跨境物流方式将商品送达消费者手中的商业活动。

广义的跨境电商可理解为"传统外贸+互联网"，是指分属不同关境的交易主体利用网络将传统外贸中的展示、洽谈以及成交等环节电子化，并借助跨境物流方式运送商品，完成交易的一种商业活动。

基于不同的分类标准，我们对跨境电子商务分类如下。

1. 按商品流向分类

按商品的流向分类，跨境电子商务可以分为出口跨境电子商务和进口跨境电子商务。

出口跨境电子商务又称出境电子商务，是指商家将本国生产或加工的商品通过电子商务平台达成交易、收取货款，并通过跨境物流运送商品、输往国外市场的一种国际商业活动。

进口跨境电子商务又称入境电子商务，是指商家将外国商品通过电子商务平台达成交易、支付货款，并通过跨境物流运送商品、输入本国市场的一种国际商业活动。

2. 按商业模式分类

按商业模式分类，跨境电子商务主要有 B2B、B2C 和 C2C 三种模式。

B2B 即 Business to Business，又称在线批发，是分属不同关境的企业与企业之间通过互联网进行产品、服务、信息交换的一种商业模式。目前，在中国跨境电商市场交易中，B2B 跨境电商市场交易规模占总交易规模的 80% 以上，代表企业主要有敦煌网、中国制造网、阿里巴巴国际站和环球资源网。

B2C 跨境电商和 C2C 跨境电商统称在线零售。

B2C 即 Business to Consumer，是指分属不同关境的跨境电商企业直接面向个人消费者开展在线销售产品和服务，通过跨境电商平台达成交易、进行支付结算，并通过跨境物流送达商品、完成交易的一种国际商业活动。目前，B2C 类跨境电商在中国整体跨境电商市场交易中的占比不断升高，代表企业主要有全球速卖通、兰亭集势、米兰网、大龙网等。

C2C 即 Consumer to Consumer，是指分属不同关境的个人卖方对个人买方进行的网络零售商业活动，由个人卖家通过第三方跨境电商平台发布产品和服务信息，国外的个人消费者进行筛选，最终通过跨境电商平台达成交易、进行支付结算，并通过跨境物流送达商品、完成交易的一种国际商业活动。

目前，我国跨境电商出口以 B2B 和 B2C 为主，进口以 B2C 为主。

除上述三种模式之外，F2C 跨境电商也日渐兴起。F2C 即 Factory to Consumer，从工厂到消费者。F2C 模式直接把出自工厂的产品送到国外消费者手中，可以理解为工厂借助跨境电商平台进行的产品直销。F2C 使消费者在线向工厂下订单成为可能，是 B2C 模式的升级版。F2C 最大的优势就是强有力的线下产业支撑、有效的全程品控、快速的市场反应，这是 B2C 跨境电商无法抗衡的。

3. 按运营方式分类

按运营方式分类，现阶段跨境电子商务主要有两种类型：平台运营跨境电商和自建网站运营跨境电商。

平台运营跨境电商是指从事跨境电商的交易主体在亚马逊、eBay 等诸多第三方跨境电商平台上开设网店从事外贸业务活动；自建网站运营跨境电商如兰亭集势、环球易购、DealeXtreme 等，是企业自建网站从事相关外贸业务活动，其中兰亭集势属于综合类跨境电商企业，环球易购、DealeXtreme 属于垂直类电商企业。

从长期发展趋势看，平台运营跨境电商和自建网站运营跨境电商两种模式的融合度日益增强。

4. 按服务类型分类

按服务类型分类，跨境电商平台分为信息服务平台、在线交易平台和外贸综合服务平台。

信息服务平台主要是为境内外会员商户通过网络营销平台，传递供应商或采购商等商家的产品或服务信息，促成双方达成交易，如阿里巴巴国际站、环球资源网、中国制造网等。

在线交易平台不仅提供企业、产品、服务等多方面信息展示，并且可以通过平台完成搜索、咨询、对比、下单、支付、物流、评价等全购物链环节，如全球速卖通、敦煌网。在线交易平台模式正逐渐成为跨境电商的主流模式。

外贸综合服务平台可以通过通关、物流、退税、保险、融资等一系列的服务，帮助企业完成商品进口或者出口的通关和流通环节，还可以通过融资、退税等服务帮助企业周转资金，如阿里巴巴一达通。

二、中国跨境电商平台的发展历程

中国的跨境电子商务最早源于深圳和广州，一些企业通过 eBay 的中国香港站、美国站和德国站等开设店铺，主要是销售电子类商品，如 MP3、MP4、车载导航仪、耳机、数据线、摄像头等。1999 年阿里巴巴实现用互联网连接中国供应商与海外买家后，中国对外出口贸易就实现了互联网化。在此之后，经历了从信息服务到在线交易、全产业链服务的跨境电商产业转型。

1. 跨境电商 1.0 阶段（1999—2003 年）

跨境电商 1.0 阶段的主要商业模式是网上展示、线下交易的外贸信息服务模式。在跨境电商 1.0 阶段，第三方平台主要的功能是为企业以及产品提供网络展示平台，并不涉及任何交易环节。

此时的盈利模式主要是向进行信息展示的企业收取会员费（如年服务费）。跨境电商 1.0 阶段发展过程中也逐渐衍生出为供应商提供竞价推广、咨询服务等一条龙的信息流增值服务。

在跨境电商 1.0 阶段中，阿里巴巴国际站、环球资源网为典型的代表平台。其中，阿里巴巴成立于 1999 年，以网络信息服务为主，线下会议交易为辅，是中国最大的外贸信息黄页平台。环球资源网 1971 年成立，前身为 Asian Source，是亚洲较早的贸易市场资讯提供者，并于 2000 年 4 月 28 日在纳斯达克证券交易所上市，股权代码 GSOL。

跨境电商 1.0 阶段虽然通过互联网解决了中国贸易信息如何面向世界买家的难题，但是依然无法完成在线交易，对外贸电商产业链的整合仅完成信息流整合环节。这种简单的信息撮合平台存在一些问题：①对各个行业的服务不够专业深入，物流和支付的问题没有解决；②平台服务基本为交易信息撮合服务，缺乏深度、广度的专业服务；③询盘后企业转为线下沟通与交易。随着行业的发展，以敦煌网为代表的 B2B 企业诞生，这批 B2B 企业开始向交易平台的方向转变，并以收取交易佣金作为主要的盈利模式。

2. 跨境电商 2.0 阶段（2004—2012 年）

2004 年，跨境电商 2.0 阶段来临。在这个阶段，跨境电商平台开始摆脱纯信息黄页的展示行为，将线下交易、支付、物流等流程实现电子化，逐步实现在线交易平台。

与 1.0 阶段相比较，跨境电商 2.0 阶段更能体现电子商务的本质，借助电子商务平台，通过服务、资源整合有效打通上下游供应链，包括 B2B（平台对企业小额交易）平台模式和 B2C（平台对用户）平台模式两种模式。在跨境电商 2.0 阶段，B2B 平台模式为跨境电商主流模式，通过直接对接中小企业商户实现产业链的进一步缩短，提升商品销售利润空间。

在跨境电商 2.0 阶段，第三方平台实现了营收的多元化，同时实现后向收费模式，将"会员收费"改为收取交易佣金，即按成交金额的百分比来收取佣金。同时还通过平台上营销推广、支付服务、物流服务等获得增值收益。

3. 跨境电商 3.0 阶段（2013 年至今）

2013 年是跨境电商的重要转型年，跨境电商全产业链都出现了商业模式的变化。随着跨境电商的转型，跨境电商 3.0 "大时代"到来。

首先，跨境电商 3.0 阶段具有大型工厂上线、B 类买家成规模、中大额订单比例提升、大型服务商加入和移动用户量爆发五方面的特征。其次，服务全面升级，平台承载能力更强，全产业链服务在线化也是 3.0 阶段的重要特征。

在跨境电商 3.0 阶段，用户群体由草根创业者向工厂、外贸公司转变，且具有极强的生产设计管理能力。平台销售产品由二手货源向一手货源转变。一方面，3.0 阶段的主要卖家群体正处于从传统外贸业务向跨境电商业务转型的艰难时期，生产模式由大生产线向柔性制造转变，对代运营和产业链配套服务需求较高。另一方面，3.0 阶段的主要平台模式也由 C2C、B2C 向 B2B、M2B 模式转变，批发商买家的中大额交易成为平台主要订单。

三、中国跨境电商的发展趋势

随着互联网技术的不断发展和全球化进程的加速，跨境电商已经成为国际贸易的新趋势。在中国，跨境电商的发展也呈现出蓬勃的态势，不仅为国内企业提供了新的发展机遇，也为消费者带来了更多的购物选择。下面从五个方面对中国跨境电商的发展趋势进行简述。

1. 政策支持力度加大

近年来，中国政府高度重视跨境电商的发展，出台了一系列政策措施来支持和引导跨境电商的发展。2015 年，国务院发布了《关于促进跨境电子商务健康快速发展的指导意见》，明确提出要加快跨境电商综合试验区建设，推动跨境电商进口试点城市扩大到全国范围。此外，政府还出台了一系列税收优惠政策，如免税、减税等，以降低跨境电商企业的运营成本，提高其竞争力。这些政策的出台为中国跨境电商的发展提供了有力的政策支持。

2. 行业竞争加剧

随着跨境电商市场的不断扩大，越来越多的企业和资本涌入这一领域，行业竞争也日益加剧。一方面，传统的电商平台如阿里巴巴、京东等纷纷加大对跨境电商业务的投入，通过收购、合作等方式拓展海外市场；另一方面，一些新兴的跨境电商平台如网易考拉、小红书等也在不断崛起，与传统电商展开竞争。此外，国际电商巨头如亚马逊、eBay 等也纷纷进入中国市场，与中国本土企业展开激烈的竞争。在行业竞争加剧的背景下，中国跨境电商企业需要不断提升自身的核心竞争力，以应对市场竞争的压力。

3. 技术创新驱动发展

技术创新是推动跨境电商发展的重要动力。随着大数据、云计算、人工智能等新兴技术的快速发展，跨境电商企业可以利用这些技术手段提升自身的运营效率和服务质量。例如，通过大数据分析，企业可以更准确地把握消费者需求，实现精准营销；通过云计算技术，企业可以实现数据的高效存储和处理，降低运营成本；通过人工智能技术，企业可以实现智能客服、智能推荐等功能，提升用户体验。技术创新将为中国跨境电商的发展提供强大的技术支持。

4. 跨境物流体系逐步完善

跨境物流是跨境电商发展的关键支撑。近年来，中国政府和企业都在加大对跨境物流体系建设的投入。一方面，政府出台了一系列政策措施，如简化通关手续、优化通关流程等，以提高跨境物流的效率；另一方面，企业也在积极布局跨境物流网络，如顺丰、圆通等快递企业纷纷开展跨境业务，与国际物流巨头如 DHL、FedEx 等展开合作。随着跨境物流体系的逐步完善，中国跨境电商的发展空间将更加广阔。

5. 消费升级带动品质化发展

随着中国经济的持续增长和人民生活水平的不断提高，消费者对商品的品质和服务的要求也在不断提高。这为中国跨境电商的发展提供了新的机遇。一方面，消费者对海外商品的需求从单纯的价格敏感型转向品质敏感型，这为跨境电商企业提供了更多的市场机会；另一方面，消费者对服务的要求也在不断提高，这要求跨境电商企业不断提升自身的服务水平，以满足消费者的需求。消费升级将推动中国跨境电商向品质化、个性化的方向发展。

总之，中国跨境电商正处于快速发展的阶段，市场规模持续扩大，行业竞争加剧，技术创新驱动发展，跨境物流体系逐步完善，消费升级带动品质化发展等方面都为中国跨境电商的发展提供了有力的支撑。然而，中国跨境电商的发展也面临着诸多挑战，如政策风险、市场风险、技术风险等。因此，中国跨境电商企业需要不断创新和调整战略，以应对市场的变化和挑战，实现可持续发展。

四、跨境电商的交易流程

（一）跨境电商进出口的基本流程

从跨境电商出口的流程看，生产商或制造商将生产的商品在跨境电商平台上上线展示，在商品被选购下单并完成支付后，跨境电商企业将商品交付给物流企业进行投递，经过两次（出口国和进口国）海关通关商检后，最终送达消费者或企业手中。有的跨境电商企业直接与第三方综合服务平台合作，让第三方综合服务平台代办物流、通关商检等一系列环节，从而完成整个跨境电商交易的过程。跨境电商进口的流程除了与出口流程的方向相反外，其他内容基本相同。

从整个跨境电商的交易过程中，我们可以看出跨境电商不仅是一个平台，而且上游需要信息技术的引领，下游需要快递物流的支撑，只有信息流（即卖家在网上发布所提供的产品或服务信息，另一方面消费者通过互联网搜寻需要的产品或服务信息）、物流（即产品流，消费者在网上下单，卖家委托跨境物流服务公司将产品运送到海外消费者手里）、资金流（消费者通过第三方支付方式及时安全地付款，厂家收结汇）三位一体地支撑到位，跨境电商才能颠覆传统商业模式，成为中国传统贸易转型发展的战略制高点。

1. 跨境电商物流模式

（1）出口。

中国邮政。如中国邮政航空小包、中国邮政航空大包、中国邮政跨境专线物流 ePacket、国际 EMS 业务、速邮宝、Singapore Post、4PX 等。中国跨境电商出口业务 70% 的包裹都通过邮政系统投递，其中中国邮政占据 50% 左右的份额，虽然邮政网络基本覆盖全球，但运输时间长，丢包率高。

国际快递。主要由 UPS、FedEx、DHL、TNT 四大巨头包揽。国际快递速度快，客户体验好，但价格昂贵，例如使用 UPS 从中国寄包裹到美国，最快可在 48 小时内到达。国内快递如申通、顺丰均在跨境物流方面早早布局，速度较快，费用低于四大国际快递巨头，但并非专注跨境业务，覆盖的海外市场比较有限。

跨境专线物流。如递四方、三态速递、Equick、燕文专线等。一般是通过航空包舱方式将货物运输到国外，再通过合作公司进行目的地国的国内派送。这种方式通过规模效应降低成本，但在国内的揽收范围相对有限，覆盖地区有待扩大。

海外仓（边境仓）。卖家先将货物存储到海外仓库，然后根据订单情况进行货物的分拣、包装以及规模化递送，解决了小包时代成本高昂、配送周期漫长的问题，但也存在容易压货、运维成本高等问题，如亚马逊的 FBA。

（2）进口。

当前，跨境电商进口物流模式有两大类：直邮模式（10%）和转运模式（90%）。其中直邮模式又分为商业快递直邮和两国快递合作直邮两种模式；转运模式又分为转运公司参与寄递、报关企业参与寄递和灰色转运。

常见的跨境电商支付结算方式有银行卡支付和第三方工具支付。

在境内，网上支付工具类型较多，从消费者的总体使用习惯来看，以第三方支付、网银支付、货到付款为主，还有银行汇款、邮局转账等方式作为补充，交易资金来源主要是境内发行的银联卡。在境外，使用银行卡组织提供的支付工具进行网上支付约占七成，境外第三方支付居次要位置，交易资金来源主要是银行卡组织发行的信用卡和签名借记卡。

随着国民收入的不断增加，中国民众对跨境电商、出境旅游、留学等跨境业务的需求也不断增加。同时，政府相关部门针对第三方支付机构开展的跨境支付业务放宽了监管要求，将跨境外汇支付试点业务拓展到全国，为第三方支付机构开展跨境支付业务创造了便利条件，跨境支付业务已成为第三方支付机构新的增长点。

支付机构开展电商跨境外汇支付业务首先需要有央行颁发的"支付业务许可证"，其次需要外汇管理局准许开展跨境电子商务外汇支付业务试点的批复文件。跨境人民币支付业务不需要国家外汇管理局的批复，由各地央行分支机构发布相关文件即可。

中国第三方支付机构主要为跨境电商提供"购付汇"和"收结汇"两类业务。其中，购付汇主要是消费者通过电商平台购买货品时，第三方支付机构为消费者提供的购汇及跨境付汇业务；收结汇是第三方支付机构帮助境内卖家收取外汇并兑换、结算成人民币。

2. 跨境电商支付模式

跨境电子支付业务涉及资金结售汇与收付汇，主要有跨境支付的购汇方式（含第三方购汇支付、境外电商接受人民币支付、通过国内银行购汇汇出等）与跨境收入的结汇方式（含第三方收结汇、通过国内银行汇款，以结汇或个人名义拆分结汇流入等）。

常见的跨境电商支付结算方式有银行卡支付和第三方工具支付。

在境内，网上支付工具类型较多，从消费者的总体使用习惯来看，以第三方支付、网银支付、货到付款为主，还有银行汇款、邮局转账等方式作为补充，交易资金来源主要是境内发行的银联卡。在境外，使用银行卡组织提供的支付工具进行网上支付约占七成，境外第三方支付居次要位置，交易资金来源主要是银行卡组织发行的信用卡和签名借记卡。

随着国民收入的不断增加，中国民众对跨境电商、出境旅游、留学等跨境业务的需求也不断增加。同时，政府相关部门针对第三方支付机构开展的跨境支付业务放宽了监管要求，将跨境外汇支付试点业务拓展到全国，为第三方支付机构开展跨境支付业务创造了便利条件，跨境支付业务已成为第三方支付机构新的增长点。

支付机构开展电商跨境外汇支付业务首先需要有央行颁发的"支付业务许可证"，其次需要外汇管理局准许开展跨境电子商务外汇支付业务试点的批复文件。跨境人民币支付业务不需要国家外汇管理局的批复，由各地央行分支机构发布相关文件即可。

（二）中国跨境电商海关通关监管模式

中国跨境电商海关通关监管模式是指中国政府对跨境电商进口商品实施的一套监管制度。随着中国跨境电商的快速发展，为了保障国家税收、维护市场秩序和消费者权益，中国政府逐步建立了一套完善的跨境电商海关通关监管模式。

从目前通过跨境电商方式成交的商品看，现在跨境电子商务成交的商品主要是通过三种方式进出境。

1. 货物方式通关

我国进出口企业与外国批发商和零售商通过互联网进行产品展示和交易后，在线下按一般贸易流程完成的货物进出口，即跨境电子商务的企业对企业进出口，本质上仍属于传统贸易，该部分以货物贸易方式进出境的商品已经全部纳入海关贸易统计。此外有一些通过创建电子平台为外贸企业提供进出口服务的公司，如深圳的一达通，所实现的中小企业商品进出口，在实际过境过程中都向海关进行申报，海关全部纳入贸易统计。以货物方式通关的商品，由于是按传统的一般贸易方式完成货物的进出口，在通关商检、结汇及退税等方面的运作相对成熟和规范。

2. 快件方式通关

跨境电商成交的商品通过快件的方式运输入境或者出境。在快件方式通关中，卖家将商品打包并通过快递公司寄送给买家。当商品到达目的地国家时，需要进行清关手续。清关手续包括申报、查验、缴税等环节，以确保商品符合进口国的法律法规和标准。对出口商来说，他们需要提供相关的报关文件，如发票、装箱单、运单等，以便海关对商品进行核实和评估。同时，出口商还需要缴纳相应的关税和税费。对进口商来说，他们需要提供相关的进口许可证、身份证明等文件，以便海关对商品进行核实和评估。同时，进口商还需要缴纳相应的关税和税费。

3. 邮件方式通关

通过邮局的邮政渠道，邮寄进出口跨境电子商务成交的商品。这部分商品主要是消费者购买的日常消费用品，供自己使用。按照我国的《海关法》和国务院颁布的《海关统计条例》规定，个人自用的商品在自用合理数量范围内的实行建议报关的制度，不纳入海关贸易统计。

随着跨境电子商务的发展，贸易碎片化的现象越来越明显，过去传统贸易中有一部分已通过碎片化方式转移到跨境电商，通过邮件、快件的方式进出境。海关总署正在积极研究完善统计制度，将来在制度完善的基础上纳入贸易统计。

2012年以来，在各试点城市的试点工作中，海关积极探索适应跨境电子商务发展的政策和措施，归纳出了"一般出口""特殊区域出口""直购进口""网购保税进口"四种新型的海关监管模式。

"一般出口"模式指采用清单核放，汇总申报的方式，电商出口商品以邮件、快件方式分批运送，海关凭清单核放出境，定期为电商把核放清单数据汇总形成出口报关单，电商凭此办理结汇、退税手续，并纳入海关统计。

"特殊区域出口"模式指电商把整批商品按照一般贸易报关进入海关特殊监管区域，企业实现退税；对已入区退税的商品，境外网购后，海关凭清单核放，以邮件、快件方式分送离境，海关定期将已放行清单汇总形成出口报关单，电商凭此办理结汇手续，并纳入海关统计。

"直购进口"模式指符合条件的电子商务平台与海关联网，境内个人跨境网购后，平台将电子订单、支付凭证、电子运单等实时传输给海关，商品通过海关跨境电子商务监管场所入境，按照个人邮递物品征税，并纳入海关统计。

"网购保税进口"模式指境内个人及电子商务企业在经海关认可的电子商务平台实现跨境交易，电商企业或其代理人将进境网购商品批量报送存入海关特殊监管区域或保税监管场所存储，境内消费者网上交易后，区内货物分配报送，并参照个人邮递物品缴纳税费。

五、跨境电商一般进口模式的详细操作流程

跨境电商一般出口、一般进口和保税进口的详细操作流程含六七个不同环节，主要在于企业备案、商品备案等，其中跨境电商出口关键在于退税等，跨境电商进口主要在于税款缴纳。

跨境贸易电子商务一般进口模式的具体流程如下：

1. 跨境电商企业备案

成为跨境电商企业的一般流程包括：自贸区企业注册—企业进出口权办理—拥有电商销售平台—选择合作的保税仓—选择合作的支付机构—提交跨境资质纸质申请资料—跨境公共服务平台企业备案—入境电子商务电商能力认定（基本能力或高风险能力）—跨境公共服务平台产品备案。

此外，境内电商企业备案须提供以下资料：

一是海关跨境贸易电子商务企业试点业务承诺书申请表。

二是海关注册登记证复印件。

三是企业法人营业执照、税务登记证、组织机构代码证等证照的复印件。

四是物流企业与电商企业合法的合作协议（海关备案用）。

五是电商企业的简介（公司简要发展历史、组织架构、目前开展 B2C 业务情况及在机场口岸预计的通关业务量、与物流公司合作的情况、支付企业名称、简要业务流程等）。

六是电商企业的交易平台，国内电商企业应提供工信部的批件。

七是海关需要的其他资料。

2. 清单申报（三单信息汇总）

第一，国内消费者在电商平台成功支付订单后，电商企业将订单信息发送至跨境电商公共服务平台进行申报；支付企业发送支付信息至公共服务平台进行申报；跨境物流企业

在成功预订舱单信息后，将对应的跨境贸易相关的舱单信息（含运单信息）发送至服务平台进行申报。服务平台集齐三单信息（订单、运单、支付单）后，自动生成清单供有报关报检资质的企业进行申报。

第二，清单生成后，核对主运单、分单、重量等信息是否完整，核对无误后，将生成的清单信息（三单和清单）分别批量申报至海关管理平台和检验检疫管理平台。

3. 平台审单

平台审单分为电子审单和人工审单两种。根据审单规则进入电子审单和人工审单的清单的处理结果包括审单通过、退单。

第一，清单申报后，系统首先进入电子审单环节，电子审单完成后，对有潜在风险的物品，系统进入人工审单，由海关、商检人工审核。审核结果包括暂存（退单）、审单通过、检验查验、检验放行等。

第二，对退单的清单，查找退单原因。通常退单的原因有以下几点：①收货人信息备案异常；②"三单"对比不成功，订单不存在；③个人信息核验不通过，系统自动退单；④订单中的收货人国别与清单中的不一致；⑤担保金预扣失败，余额不足等。

4. 机检查验、放行

机检查验、放行的步骤如下。

第一，审单完成后，通知海关、商检人员对货品进行现场过 X 光机检查。监管场所运营人员对包裹逐一进行扫描，X 光机对申报货物进行同屏对比，机检正常的做自动放行，机检异常的对相应的包裹进行下线查验处理。监管科查验人员和商检科查验人员分别对下线包裹实施拆包查验，查验完毕后记录查验结果。查验结果包括查验放行、改单、删单、移交缉私处理等。

第二，机检完毕后，在通关服务平台清单查询里查询每一单的海关、商检指令状态，确保每一单指令均为放行。

5. 出库放行、缴税

检验检疫审核后，若无异常，则放行出库，进入终端配送环节。由国内的物流企业进行配送，运送至消费者手中。

海关管理平台自动汇总生成海关进境物品进口税缴款单。企业可按照有关程序缴纳税款，税单核销完毕后，通关服务平台中的保证金账户扣款自动退回账户。

第三节 "市场采购"贸易方式

市场采购贸易方式是指在经国家有关部门认定的市场集聚区内采购商品，由符合条件的经营者在限定口岸办理出口通关手续的贸易方式，其单票报关单金额不超过 15 万美元。市场采购贸易方式为小商品出口量身定制，自 2017 年 8 月废止旅游购物商品监管模式后，成为我国推动小商品出口的重要监管模式。不同于一般贸易、加工贸易等。市场采购贸易方式起源于浙江省义乌市，是颇具中国特色和创新价值的贸易方式[1]，核心在于海关、外汇、市监、税务等配套监管政策不同[2]。

一、市场采购贸易方式概述

（一）市场采购贸易方式特点

直接交易：市场采购贸易方式是企业与供应商之间的直接交易，不经过中间商的介入。这意味着企业可以直接与供应商协商价格、交货期和其他交易条件，从而获得更有竞争力的价格和更好的服务。

1. 市场采购贸易方式具有较高的灵活性

企业可以根据自身的生产需求和市场变化，灵活地选择供应商和采购数量。同时，企业还可以根据供应商的报价和交货能力等因素，灵活地调整采购计划和供应链管理。

2. 市场采购贸易方式可以满足企业多样化的需求

企业可以通过市场采购获得来自不同地区、不同国家的供应商的产品，从而扩大产品的选择范围，降低风险，提高竞争力。

3. 市场采购贸易方式具有较高的信息透明度

企业可以通过市场调研和供应商评估等方式了解市场上的供应情况、价格趋势和产品质量等信息，从而做出更明智的采购决策。

4. 市场采购贸易方式有助于建立长期稳定的合作关系

通过与供应商的直接交易，企业可以建立起互信和合作的关系，共同分享风险和利

①卢跃，阎其凯，高凌云. 中国对外贸易方式的创新：维度、实践与方向 [J]. 国际经济评论，2017（4）：116-127+7.
②季晓伟."市场采购"新型贸易方式与一般贸易方式的比较研究 [J]. 中国市场，2019（10）：3-5.

益，实现互利共赢。

5. 市场采购贸易方式可以帮助企业降低采购成本

由于没有中间商的介入，企业可以直接与供应商协商价格，并获得更有竞争力的价格。此外，企业还可以通过集中采购、批量采购等方式，进一步降低成本。

6. 市场采购贸易方式有助于优化供应链管理

通过与供应商的直接合作，企业可以更好地掌握供应链的信息，及时调整采购计划和生产计划，提高供应链的效率和灵活性。

7. 市场采购贸易方式可以提高产品的品质保证

企业可以通过与供应商的直接合作，对供应商的质量管理体系进行评估和监控，确保所采购的产品质量符合要求。

（二）市场采购贸易方式实施流程

第一，企业首先需要明确自身的采购需求，包括所需产品的种类、数量、质量要求等。这可以通过企业内部的生产计划和销售预测来确定。

第二，企业可以通过多种渠道寻找合适的供应商，如参加行业展会、搜索互联网平台、咨询商业服务机构等。在选择供应商时，企业需要考虑供应商的信誉度、产品质量、交货能力等因素。

第三，企业可以通过与供应商进行面谈、参观供应商的生产设施、查阅供应商的业绩记录等方式，对供应商进行评估。评估的目的是确定供应商是否具备满足企业需求的能力和条件。

第四，在确定供应商后，企业需要与供应商进行交易条件的协商。这包括价格、交货期、付款方式、质量标准等方面的协商。在协商过程中，企业需要根据自身的利益和市场情况进行合理的谈判。

第五，在协商达成一致后，企业和供应商需要签订正式的采购合同。合同应明确双方的权利和义务，包括产品规格、数量、价格、交货期、付款方式等内容。合同的签订可以确保双方的权益得到保障。

第六，在签订合同后，企业和供应商需要按照合同的约定履行各自的责任和义务。企业需要按时支付货款，供应商需要按时交付产品。在履行合同的过程中，双方需要进行有效的沟通和协调，以确保交易的顺利进行。

第七，企业在收到产品后，需要进行质量检验和验收。如果发现产品存在质量问题，企业可以与供应商协商解决，如退货、换货或索赔等。企业还可以通过建立质量管理体系，对供应商的质量进行监控和管理，以确保所采购的产品质量符合要求。

第八，企业在完成一次采购交易后，应对供应商的绩效进行评估。评估的内容包括供应商的交货准时率、产品质量、服务水平等。评估的结果可以作为企业选择供应商的重要参考依据。

第九，市场采购贸易方式是一个持续改进的过程。企业可以通过不断优化供应链管理、寻找新的供应商、提高采购效率等方式，不断提升市场采购的效果和效益。

二、市场采购贸易方式试点

2013 年以来，国家共分五批在 15 个省份开展 31 个市场采购贸易方式试点。市场采购贸易方式施行的贸易便利化措施，极大地激发了中小微市场主体活力，挖掘了国外市场潜在需求，推动贸易额快速增长。作为外贸新业态中贸易规模较大的贸易方式，2019 年我国市场采购出口 5629.5 亿元，增长 19.7%，比同期全国出口增速高 14.7 个百分点，累计备案市场采购贸易经营主体超过 14 万家。[①]

（一）市场采购贸易方式试点的主要特征

政策试点是中国土生土长的治国理政方法论，在适应性试点实施框架下，中央顺应地方政府主动改革求变的发展诉求，从最初宽容、支持浙江义乌进行探索，到后续在政策规范中加大力度推动市场采购贸易方式发展。特别是 2020 年以来，为应对疫情影响，一次性增加 17 个试点，超过前四期试点数量的总和。其推进方式有以下特点。

1. 时间上注意循序渐进

在央地互动机制下，试点采取了"由点到面的工作方法"[②]，先在一个"点"上试，再到多个"点"上试，为更大范围的政策推广积累试点经验，并提供多个试点方案。2011 年 3 月，国务院批复浙江义乌市开展"国际贸易综合改革试点"，这是首个由国家批准的县级市综合改革试点，要求义乌在国际贸易重点领域和关键环节深化改革、先行先试，探索"市场采购"等新型贸易方式改革是首要任务。2012 年 1 月，国务院办公厅印发《推进浙江省义乌市国际贸易综合改革试点重点工作分工方案》，为改革试点保驾护航。经过两年的研究完善，国家商务部、发展和改革委员会、财政部、海关总署、税务总局、工商总局、质检总局、外汇管理局八部门联合发文，批准义乌市自 2013 年 4 月 18 日起正式试

---

①朱咏. 添活力，新业态成外贸发展新亮点［N］. 经济日报，2020-01-20（6）.

②韩博天，石磊. 中国经济腾飞中的分级制政策试验［J］. 开放时代，2008（5）：31-51.

行市场采购贸易方式。2014 年 7 月，海关总署发布《市场采购贸易海关监管办法》，增列市场采购海关监管方式（代码 1039）。至 2014 年 10 月，上述国家八部门联合验收通过义乌市场采购贸易商品认定体系和市场综合管理系统。2014 年 11 月 1 日，首票以市场采购贸易方式申报出口的货物在义乌海关完成通关手续，市场采购贸易方式正式在义乌落地实施。

随后根据试点情况，国家分别在 2015 年、2016 年、2018 年、2020 年批准第二、第三、第四、第五批试点，每批试点的数量也在稳步增加。

2. 空间上注意区位均衡

政策试点区域选择与央地关系、意识形态及区域发展战略等因素息息相关，各种利益的介入使其无法采用随机模式。[①] 它是中央与地方反复沟通协商甚至妥协的结果，不是自上而下单向度的权力关系。上级倾向于选择有一定试点基础和特色、未来成功率高的区域，具体到市场采购贸易方式试点，一是要求外向型经济发达；二是要求试点市场管理主体明确、集聚区"四至"范围清晰；三是地方政府要重视和支持。由于市场采购贸易方式发端于浙江义乌，江浙地区得地利之便接受政策辐射效应明显，江苏海门、浙江海宁获得第二批试点资格，第三、第四、第五批也都有江浙城市入选。从前五批 31 家试点的区域分布看，总体上是贸易规模大、对外联系密切、基础设施完善的东部沿海省份占优势，包括浙江 6 家、广东 6 家、山东 3 家、江苏 2 家、福建 2 家、河北 1 家，占试点总数的约 2/3。此外，基于区域协调发展的考虑，分别在中部的安徽、河南、湖北（2 家）和湖南，西部的内蒙古、广西、四川、云南（2 家），以及东北的辽宁开展试点。整体观察，试点区域的选择呼应了京津冀协同发展、长江经济带发展、粤港澳大湾区建设、长三角一体化发展和西部大开发等区域发展战略布局。

3. 功能上注意内外贸结合

在市场采购贸易方式下，内外贸流程被重组甚至融合，供货商、采购商和外贸公司在境内完成原来需要跨境的货权转移，内外贸界限不再泾渭分明。国家以开展试点为契机，推动试点市场构建内外贸一体化发展的市场网络，完善服务内外贸发展的综合服务平台，鼓励场内企业和商户由内贸为主向内外贸并重转型，从而打造内外贸结合、市场采购贸易与跨境电商融合、经营模式接轨国际的新型商品交易市场。除义乌，大多数试点市场获批之前以内贸为主，是区域内或行业内的龙头市场。如海门是近代轻纺工业发源地，叠石桥

---

①刘然. "政策试点" "政策试验" 与 "政策实验" 的概念辨析 [J]. 内蒙古社会科学（汉文版），2019，40（6）：34-41.

已形成2500多家企业、50万从业人员的庞大家纺产业集群①。海宁皮革、花都皮具、白沟箱包、石狮服装、佛山家具、中山灯饰制造也都在全国占据重要地位。2013年，义乌中国小商品城、海门叠石桥国际家纺城、海宁皮革城被商务部确定为首批三家重点培育的内外贸结合市场。2015年5月发布的《国务院关于加快培育外贸竞争新优势的若干意见》提出，要培育若干个内外贸结合商品市场，并推进在上述市场实行市场采购贸易，扩大商品出口。在2020年第五批新试点中，首次增加了内蒙古满洲里市满购中心、广西凭祥出口商品采购中心、云南瑞丽国际商品交易市场3个边贸商品市场。外贸领域行政管理体制创新和服务创新。按照"在发展中规范、在规范中发展"的要求，相关部门明确"一划定、三备案、一联网"的管理机制。对市场采购出口货物实行增值税"免征不退"，实行审单、放行自动化和无纸化报关等便利通关措施。顺应关检融合新形势，海关总署在2019年底进一步简化申报适用条件和精简申报信息及随附单据。2020年5月，《国家外汇管理局关于支持贸易新业态发展的通知》明确，在满足监管要求的前提下，市场采购贸易委托第三方报关出口的市场主体可以以自身名义办理收汇，将义乌改革试点的经验推广到全国。各试点地方政府在创新商事主体管理、简化税收管理机制、建立属地综合管理机制等方面积极探索，推出供应商户"集群注册"等创新政策。此外，各地还搭建外贸综合服务平台，除了行政管理功能，还提供通关、结汇、退税、物流、金融等一站式服务。

（二）深化试点的路径选择

1. 坚持创新驱动，深化试点内容

推动深化试点既是完成既定工作任务，也是地方政府化危为机推进治理能力现代化的重要实践。应遵循习近平总书记关于"三个区分开来"的重要论述，通过制度设计予以试点创新容错免责，树立鼓励主动作为、支持善作善为、纠正无所作为的鲜明导向。完善出口商品认定体系，扩大市场采购贸易商品范围，对商品认定不拘泥于现有市场集聚区名称和主导商品种类，开展预包装食品、化妆品、锂电子产品出口，并向生产资料领域拓展。支持现有试点城市扩大市场集聚区范围，向城市中心区域人流、物流、商流更密集、更便利的专业市场延伸，提升辐射带动能力。扶持外贸综合服务企业创新发展，培育适应市场采购贸易需求、有利于规范化运作的综合服务体，在通关、税收、政策上给予更多支持。发挥行业商协会在协调、沟通和信息方面的优势，高效开展市场采购出口商品质量监管，扩大全球质量溯源体系对出口商品的覆盖面。促进市场采购贸易与跨境电商融合发展，开

---

①王书芬，赵永根. 关于培育叠石桥市场采购贸易方式的调查思考 [J]. 今日中国论坛，2013（21）：92-93.

展市场采购进口贸易机制创新，探索市场采购贸易与转口、保税加工等其他贸易方式协同发展。

2. 保持政策稳定，提升监管水平

加强商务、财政、海关、税务、外汇管理等部门协调，为市场采购贸易提供稳定发展环境。落实《营商环境条例》，政府及其有关部门按照鼓励创新的原则，对市场采购贸易方式试点实行包容审慎监管，不得简单化予以禁止或者不予监管。探索市场采购贸易方式下各经营主体的税收配套政策，建议参照跨境电商零售出口企业税收政策，制定市场采购贸易的企业所得税核定征收办法，同时对市场经营户个人所得税实行定期定额征收。建立基于联网信息平台的部门间信息共享系统，实现全部门的动态监管、信息全共享，推行信用等级管理，对经营主体联合实施相应的激励和惩戒措施。推进出口流程、货值核算和监管方式的标准化、便利化，并适时增加一体化通关的口岸。优化出口商品价格监管机制，坚持审价工作全国一盘棋，由各试点地方共建共享小商品价格信息库。采取严格的知识产权保护制度，从供应商、采购商、外贸公司等多环节分析市场采购贸易特性，确定易出现侵权重点环节，加大对敏感企业和出口地区的货物查验力度。外汇管理重在形成对交易流程、资金流向的全流程监管，不宜简单以结汇率进行考核，按照"先适应、后引导、再规范"模式，推动完善顶层设计。

3. 把握业态特征，完善贸促体系

减少政府对资源的直接配置，依据市场规则、市场价格、市场竞争实现要素最优配置。要适应市场采购贸易等外贸新业态规范发展的需要，对《对外贸易法》做相应修订，明确各类主体的权利和义务。强化对"一带一路"沿线和华人华侨聚居的区域推广和招商，吸引国外专业采购商、商协会、电商平台前来参观考察、对接采购、设点办公。推动各试点地方特色轻工产业集群的快速反应和柔性生产改造，引导商户从单纯批发商贸向综合服务迈进，贯通从营销到设计研发和智能制造的高效采供体系。对接金融机构，开发适应市场采购贸易发展需求的金融保险产品，扩大出口信用保险覆盖面，承保个人买家付款风险。优化政策扶持环节、扶持对象，扩大市场采购贸易创造效应。同时，做好贸易政策合规工作，避免以出口实绩为标准的红箱补贴，把禁止类补贴尽量转化为不可诉补贴。

4. 加大科技投入，强化公共服务

在行政审批、注册备案、政策咨询等政务服务基础上，丰富大数据分析、市场研究等公共服务。通过政府购买服务方式引入社会化力量，对市场采购贸易目标市场开展个性化研究，为决策提供支撑。开放市场基础数据及应用场景，利用系统进行数据整合和分析，

提取价值客户，挖掘潜在客户，为客户提供安全、快捷、高效的采购体验。综合运用信息化、大数据、区块链、人工智能等技术手段，建设采购商大数据管理应用平台，通过人脸识别、无线探针等掌握市场采购客商的基准数据，逐步完善采购商大数据库。打造智能风控系统，完善采购商信用评价体系和市场商业数据分析，促进采购方和供货相关行业自律。结合市场采购贸易货物品类多、车次多等特点，优化仓储、组货、交易、拼箱等环节，形成高效物流体系。制定仓储规划，提高仓储标准化、信息化水平，建设集仓储、组货、拼箱、物流等功能于一体的海关监管仓库。加快建设空铁联运绿色交通枢纽，推动铁路、航空、临港物流发展。

参考文献

[1] 卓骏. 国际贸易理论与实务 [M]. 北京：机械工业出版社，2016.

[2] 石良平，张晓娣，王晶晶，等. 国际贸易学国际理论前沿 [M]. 上海：上海社会科学院出版社，2017.

[3] 张向先. 国际贸易概论 [M]. 2 版. 北京：高等教育出版社，2014.

[4] 盛洪昌. 国际贸易 [M]. 3 版. 北京：中国人民大学出版社，2013.

[5] 多米尼克·索尔韦托瑞. 国际经济学 [M]. 北京：清华大学出版社，1998.

[6] 马克思，恩格斯. 马克思恩格斯全集 [M]. 北京：人民出版社，1975.

[7] [美] 吉尔伯特·C. 菲特，吉姆·E. 里斯. 美国经济史 [M]. 沈阳：辽宁人民出版社，1981.

[8] 李斯特. 政治经济学的国民体系 [M]. 北京：商务印书馆，1961.

[9] [日] 山本繁绰. 贸易政策与理论 [M]. 日本东洋：经济新报出版社社，1997.

[10] [日] 小岛清. 对外贸易论 [M]. 天津：南开大学出版社，1988.

[11] 姚贤镐，漆长华. 国际贸易学说 [M]. 北京：中国对外经济贸易出版社，1990.

[12] 姚新超. 国际贸易运输与保险 [M]. 北京：对外经济贸易大学出版社，2013.

[13] 周学明. 国际贸易概论 [M]. 北京：清华大学出版社，2009.

[14] 成喜玲，孙林霞. 国际贸易实务 [M]. 天津：天津大学出版社，2021.

[15] 吕天军，王烟军. 国际贸易理论与实务 [M]. 北京：对外经济贸易大学出版社，2010.

[16] 尚静，吴珍彩，赵盈盈. 国际贸易实务教程 [M]. 成都：西南交通大学出版社，2017.

[17] 韩晶玉，李辉，郭丽. 国际贸易实务 [M]. 2 版. 北京：北京对外经济贸易大学出版社，2021.

[18] 张亚芬，李红. 国际贸易实务与案例教程 [M]. 3 版. 北京：高等教育出版社，2013.

[19] 孙晓林，唐若菲. 国际贸易实务教程 [M]. 成都：西南交通大学出版社，2011.

［20］张毅. 跨境电商环境下国际物流模式解析［J］. 全国流通经济，2023（11）：49-52.

［21］张琰. 跨境电商环境下国际物流模式分析［J］. 大众投资指南，2022（9）：172-174.

［22］李呈琛，高鹏. 物流发展下的跨境电商物流现状及运行模式分析［J］. 中国储运，2022（5）：138-139.

［23］郭鑫. 大数据时代国际贸易理论新发展研究［J］. 上海商业，2021（12）：62-63.

［24］林航. 体验经济视角下文化贸易理论构建［J］. 嘉应学院学报，2018，36（9）：42-46.

［25］董正韬. 国际贸易理论发展的思路及新趋向［J］. 现代经济信息，2018（1）：137.

［26］韩晓. 国际贸易理论的演进及发展研究［J］. 中国市场，2017（32）：104-105.

［27］卢跃，阎其凯，高凌云. 中国对外贸易方式的创新：维度、实践与方向［J］. 国际经济评论，2017（4）：116-127+7.

［28］陈琛. 国际贸易理论的发展综述［J］. 企业改革与管理，2017（13）：120-121.

［29］黄斯斯. 国际货物买卖合同中的不可抗力条款研究［J］. 投资与合作，2023（5）：37-39.

［30］王平平. 国际贸易中合同预付款风险管理策略［J］. 现代企业，2022（5）：10-11.

［31］王莉. 关于国际贸易中茶企合同风险控制的策略探讨［J］. 福建茶叶，2020，42（5）：40-41.

［32］管彤彤. 论惯例在国际贸易中的性质与功能——基于《联合国国际货物销售合同公约》的研究［J］. 上海市经济管理干部学院学报，2020，18（2）：37-45.

［33］李冬雪，薛芳，苑浩畅，等. 跨境电商视角的国际贸易方式创新［J］. 商业文化，2021（25）：38-39.